JAMES M. JENKS & JOHN M. KELLY

NÃO FAÇA: MANDE FAZER!

O Segredo do Gerente Bem-Sucedido

Jorge Zahar Editor
Rio de Janeiro

Título original:
Don't Do. Delegate! The secret power of successful managers

Tradução autorizada da primeira edição norte-americana
publicada em 1985 por Franklin Watts, Inc., de Nova York, EUA

Jorge Zahar Editor Ltda.
rua México 31 sobreloja
20031 Rio de Janeiro, RJ

Produção *Revisão*: Carlos Alberto Medeiros (copy); Lúcia Mousinho, Renato Carvalho (tip.); *Indexação*: Nair Dametto; *Diagramação*: Jussara Bivar; *Capa*: Valéria Naslausky; *Arte-final*: José Geraldo de Lacerda (texto); *Composição*: Editora Interciência Ltda; *Impressão*: Graphos

CIP-Brasil. Catalogação-na-fonte.
Sindicato Nacional dos Editores de Livros, RJ

Jenks, James M.
J51n Não faça: mande fazer! / James M. Jenks e John M. Kelly: tradução de Waltensir Dutra. – Rio de Janeiro : Jorge Zahar Ed., 1986.

Tradução de: Don't do. delegate!

1. Gerentes. 2. Produtividade. I. Kelly, John M. II. Título.

85-1080 CDD – 658.4
CDU – 658.3

ISBN: 85-85061-41-3

SUMÁRIO

INTRODUÇÃO

Este livro é a obra definitiva sobre a mais importante das técnicas do repertório de um administrador bem-sucedido. Pode ser também um dos instrumentos mais eficientes que ele encontrará para progredir em sua carreira.

Todos os administradores enfrentam um paradoxo: precisam produzir resultados acima de sua capacidade individual. Encontrar a solução desse paradoxo é a chave do êxito administrativo. Este livro mostra que a solução não é *fazer* mais, mas sim *delegar* ou mandar fazer mais.

A novidade da abordagem deste livro é discutir a delegação de poderes, não como um fim em si, não como uma prerrogativa da administração, não como um ritual vazio, mas como um instrumento na obtenção de resultados. A delegação de poderes é tratada como uma técnica orientada para uma meta. Estimula-se o administrador a perguntar: Que resultados estou buscando? Como posso usar a delegação de poderes para consegui-los?

Longe de ser um tratado acadêmico sobre um assunto teórico, este livro mergulha o leitor no mundo emocionante da conquista de melhores resultados. Ele, ou ela, começará a aplicar imediatamente técnicas criativas e comprovadas para a expansão da produtividade, e a superar as limitações pessoais. Este livro não mostra ao administrador como trabalhar com uma eficiência de 100%, mas sim o caminho para realizações que são 200, 300 e até mesmo 500% daquilo que qualquer pessoa pode fazer sozinha.

Hoje, toda empresa procura aumentar a produtividade. E os esteios desse aumento são os administradores ou gerentes – desde o mestre de oficina até o presidente do conselho de administração. Mas o cimento que os une, que torna uma realidade os aumentos da produtividade, é a delegação de poderes.

A participação é outra idéia que está sendo explorada atualmente por muitas empresas. Poucas, até agora, conciliaram essa idéia com o conceito de maior eficiência e melhores resultados. A delegação coloca em atividade a participação. Dá-lhe todo um significado novo na fixação de metas, na distribuição das decisões e até mesmo na avaliação do desempenho.

Alguns administradores acham que uma semana de 60 horas e as pastas cheias que levam para casa todas as noites são sinais de sucesso. A verdade é que eles são, na prática, "fazedores". Faltando-lhes a capacidade de transferir com eficiência as tarefas aos seus subordinados, acabam "fazendo", quando deviam estar administrando.

Por outro lado, os administradores que delegam poderes, que aplicam cuidadosamente os princípios estabelecidos com clareza neste livro, não se caracterizam por longas jornadas de trabalho nem pela atividade frenética. Distinguem-se mais por aquilo que é realmente importante em qualquer empresa — os resultados. Distinguem-se também pela sua previsão — porque a delegação lhes dá o poder de planejar. São caracterizados pela flexibilidade, pois a delegação os libera da teia de detalhes sem importância. E são reconhecidos, em última análise, por sua capacidade pessoal — porque a delegação lhes permite realizar, através dos outros, muito mais do que poderiam fazer individualmente.

Este livro pede a cada administrador que faça a si mesmo a seguinte pergunta: "Se tenho problema em transferir tarefas para meu pessoal agora, que farei quando for promovido a um nível em que se torne ainda mais necessário administrar mais e 'fazer' menos?" E sugere a resposta que todo gerente tem de enfrentar: "Se você não aprender a transferir tarefas efetivamente, nunca descobrirá a solução, pois nunca será promovido."

1

QUE É DELEGAÇÃO DE PODERES?

Todos os administradores enfrentam um paradoxo: o progresso da sua carreira depende da produção de resultados que estão acima de sua capacidade. Alguns reagem tornando-se viciados no trabalho. Outros não agüentam a tensão. Há ainda os que se transformam em burocratas que só tratam de papéis. E alguns têm êxito. E com isso avançam continuamente na carreira empresarial.

Que distingue vencedores e vencidos na esfera administrativa? Quais são os segredos que permitem aos administradores bem-sucedidos enfrentar grandes expectativas com recursos limitados? Qual o aspecto que, em última análise, define o administrador bem-sucedido?

É a capacidade de delegar poderes.

Você já encontrou esse paradoxo. Já o viu à sua volta. Provavelmente, já compreendeu que o administrador dinâmico se distingue pela capacidade de obter resultados através de outros. O objetivo deste livro é mostrar por quê, o quê, a quem e como delegar. Ele servirá de guia para que você evite as armadilhas e para orientá-lo na direção de oportunidades que podem representar muito em sua carreira.

Vamos observar dois gerentes e ver o que a capacidade de delegar realmente significa. Ao ler a descrição, pergunte a você mesmo: Isso me parece familiar? Que tipo de administrador sou eu? Que tipo desejo ser?

A direção da companhia de produtos elétricos onde Ted Murray e Bill Henderson trabalhavam promoveu ambos a supervisores de departamento, ao mesmo tempo. Os dois eram considerados capazes e trabalhadores, e prometiam ser bons administradores. E ambos viram essa promoção como o primeiro passo na subida da hierarquia empresarial. Mas Ted e Bill verificaram que administrar um departamento era bem diferente de apenas trabalhar nele. Em seus primeiros meses de trabalho, viram-se obrigados a queimar pestanas à noite para dar conta de um trabalho a que não estavam muito habituados. De repente, viram que quatro ou cinco problemas "cruciais" exigiam soluções imediatas, que a papelada se multiplicava da noite para o dia e que o tempo havia passado a ser um recurso tão valioso e tão escasso quanto o outro.

Aos poucos, os dois novos administradores aprenderam a enfrentar as exigências de seus cargos. Um ano depois, porém, seus caminhos começaram a se separar. Ted Murray foi promovido a assistente do diretor da fábrica, a fim de ser treinado para substituí-lo. Bill Henderson continuou como chefe de departamento. Por que seus caminhos foram diversos? Ninguém duvidava de que Bill fosse capaz. E sem dúvida trabalhava muito. Conhecia perfeitamente o trabalho. Não cometia erros graves. Não obstante, os executivos que observaram o trabalho dos dois notaram uma diferença sutil. Ted parecia estar sempre um passo à frente dos fatos, enquanto Bill tendia a estar meio passo atrás. O departamento de Ted não só cumpria suas funções com eficiência, mas também se tornou fonte de inovações e iniciativas. A unidade de Bill, ao contrário, estava sempre lutando para dar conta de suas incumbências. Dois dos auxiliares de Ted já haviam sido promovidos, ao passo que os subordinados de Bill pareciam não ter aspirações maiores do que os cheques semanais de pagamento.

A diferença-chave entre Ted e Bill foi resumida numa observação feita no relatório de avaliação do desempenho do primeiro: "Sabe delegar." O funcionamento mais eficiente de seu departamento, o melhor planejamento, o moral mais elevado e o melhor índice de revelação de elementos capazes podiam ser atribuídos a essa única capacidade. E também sua promoção foi resultado dela. Ted havia aprendido a delegar. Bill, não.

A PRINCIPAL QUALIDADE NA ADMINISTRAÇÃO

Como é que a capacidade de delegar pode provocar essa diferença? Porque a delegação é a mais importante de todas as qualidades administrativas. Ela é, na realidade, a qualidade que define um administrador. O administrador é aquele que manda outros fazerem as coisas. Delegar nada mais é que conseguir resultados por meio do esforço dos outros. É o instrumento básico e mais importante do administrador.

Delegar é transferir poderes ou funções a outra pessoa, é fazer com que essa outra pessoa realize tarefas que, sem ela, você mesmo teria de fazer. Delegamos quando pedimos à nossa secretária que prepare o rascunho de uma resposta a um pedido rotineiro de informações. Delegamos quando pedimos ao nosso assistente que assuma todas as nossas funções quando saímos de férias.

Delegar é mais do que simplesmente distribuir tarefas. Significa, sempre, tornar o subordinado responsável pelos resultados. Significa, em geral, dar-lhe margem para tomar decisões sobre as maneiras de chegar a tais resultados. Isso não quer dizer que delegar seja atirar o trabalho em cima do subordinado e ir embora. É preciso, sempre, controlar e acompanhar as tarefas delegadas. É preciso fazer isso, porque não podemos transferir a responsabilidade final pela sua conclusão.

A tarefa delegada é aquela cuja responsabilidade específica é transferida a um subordinado. Este, naturalmente, completa também as tarefas essenciais de seu cargo sem muito contato com seu superior. E você, que é o superior, tem vários deveres dos quais se tem de ocupar pessoalmente. A delegação cobre o grande grupo de tarefas que se situam entre essas duas áreas, as tarefas que você mesmo poderia fazer, mas prefere passar a um subordinado.

A delegação é sempre um instrumento, nunca um fim em si mesma. Seu sucesso, ao delegar, jamais será medido pela maneira de delegar, ou pela pessoa a quem é delegada a tarefa, ou pela freqüência com que você delega. Você será sempre julgado de acordo com os resultados obtidos com a delegação. A delegação eficiente não irá apenas aumentar suas realizações, mas multiplicá-las. A ausência de delegação não apenas torna mais lento o progresso de sua carreira na administração, como também provocará, inevitavelmente, a paralisação dessa carreira.

NÃO FAÇA – MANDE FAZER

Cerca de seis meses depois da promoção de Bill e Ted, a direção pediu a todos os supervisores de departamentos que preparassem relatórios sobre o controle de estoques. A tarefa exigia um levantamento dos estoques armazenados em seus departamentos, bem como uma visão geral do transporte interno e dos sistemas de requisição.

Quando Bill recebeu esse pedido, realizou conscienciosamente o levantamento. Ted, por outro lado, sentou-se imediatamente para decidir a quem delegaria a tarefa. Sabia dispor de três subordinados que poderiam fazê-la quase tão bem quanto ele mesmo. Também percebeu que a pesquisa exigida pelo relatório daria à pessoa por ele escolhida uma visão mais ampla, mais completa, do departamento. Escolheu essa pessoa, transferiu-lhe a incumbência e acompanhou a realização do trabalho.

Por que a abordagem de Ted é melhor que a de Bill? Este passa o dia seguinte e a metade do outro "fazendo" – isto é, reunindo dados para o relatório sobre o estoque, tabulando números, analisando a situação e redigindo o relatório. Ted passa o mesmo tempo "administrando". Supervisiona a distância o trabalho do delegado escolhido para preparar o relatório sobre estoques. Ao mesmo tempo, supervisiona outras tarefas que já delegou antes. Planeja e prepara o trabalho de seu departamento, mantendo-se pelo menos um passo à frente dos acontecimentos. E trabalha numa idéia a longo prazo que lhe parece capaz de tornar seu setor mais produtivo.

Que realizou cada um desses dois administradores, ao final do mesmo período? Bill produziu um relatório completo sobre o estoque. Ted, graças aos esforços de seu subordinado, fez a mesma coisa. Mas fez ainda mais – fez progressos na administração (planejamento, organização, direção e coordenação) –, ao passo que Bill atrasou o trabalho de seu departamento, perdeu aquele meio passo que a direção da empresa havia observado. Além disso, Ted deu a um de seus subordinados uma experiência mais ampla, tornando-o mais capaz. A diferença, portanto, está nos resultados. A delegação melhorou a produção de Ted, e a falta de delegação prejudicou a produção de Bill.

Alguns administradores têm dificuldade em compreender essa distinção crucial entre "fazer" e "administrar". Ted e Bill haviam sido ambos promovidos por terem "feito" bem o seu trabalho. Mas, quando entraram na área da administração, mesmo no nível mais baixo, precisaram deixar de "fazer", em grande parte. Precisavam concentrar-se em administrar, delegando o "fazer" a subordinados. O administrador que continua sendo um "fazedor", e não alguém que delega, não pode esperar grandes progressos.

DOIS CONCEITOS-CHAVES NA DELEGAÇÃO DE PODERES

RESPONSABILIDADE

A delegação é um processo de transferir responsabilidades. Apesar disso, a delegação nunca libera a pessoa da responsabilidade. Alguns administradores têm dificuldade em conciliar esses dois fatos. Mas seu entendimento claro é essencial para o sucesso da delegação.

Transferir responsabilidade significa tornar o subordinado responsável, perante você, pelos resultados. Nunca se deve delegar informalmente. Nunca se deve transmitir a impressão de "se você quiser" ou "quando tiver vontade". Em lugar disso, devemos estabelecer com a pessoa que recebe a delegação os objetivos a serem perseguidos e, em seguida, insistir em que essa pessoa complete a tarefa da melhor maneira possível. E dentro de um prazo. Você deve ressaltar que deseja soluções e não problemas, resultados, e não desculpas.

Ao mesmo tempo, deve reconhecer que a delegação é um método de assumir as responsabilidades, e não de evitá-las. Você é responsável perante seu superior, se não por uma tarefa específica, pelo menos indiretamente, pela realização das funções do seu cargo. Você quer que seus subordinados lhe tragam respostas e realizações – e seu chefe quer a mesma coisa de você. Não é possível apontar para um subordinado e dizer ao seu chefe que a culpa por uma tarefa não-realizada é do subordinado. Você é responsável. Ponto.

A responsabilidade implícita na delegação é a mesma que está implícita na administração. Não é um ônus menor. Não é alguma coisa que você possa deixar de lado para tratar dela quando quiser. Isso, porém, nunca deve impedir que você delegue. Deve, isso sim, fazer de você uma pessoa que delega com cuidado. Seguindo as técnicas descritas neste livro, e exercendo os controles adequados, você poderá exercer suas responsabilidades sem perder as muitas vantagens da delegação.

AUTORIDADE

"Delegação da autoridade" é uma expressão comum, mas não abrangente. A autoridade é um recurso que você coloca à disposição de seu subordinado. Por exemplo, no caso mencionado acima, Ted deu ao seu delegado a autoridade de obter informações sobre o estoque entre os vários chefes de seção de seu departamento. Em outras delegações, você pode ter de transferir a autoridade de fazer despesas, ou de dar ordens, ou de usar materiais de propriedade da companhia.

Quem delega deve estar atento para a questão da autoridade, sem centralizar-se nela. Naturalmente, você há de querer ter certeza de que seu delegado tem a autoridade e os outros recursos necessários para completar a tarefa. Mas a delegação não é um jogo de poder, não é uma questão de se criar um feudo para um subordinado. Mantenha sempre a ênfase onde ela deve ser mantida – nos resultados.

TRÊS PASSOS NO CAMINHO DA DELEGAÇÃO

Delegar é uma qualidade que se adquire, não um talento inato. Qualquer administrador que se esforce pode adquirir essa qualidade. Os administradores que compreendem a importância da delegação eficiente no progresso de sua carreira fazem esse esforço. Você pode começar a trilhar o caminho que o levará a ser uma pessoa capaz de delegar melhor e administrar melhor, dando os três passos seguintes:

1. ATITUDE

Para se tornar um bom administrador, é preciso querer ser um bom administrador. O engenheiro, o advogado, o contador – cujas qualidades se situam mais na esfera técnica do que na interpessoal – podem ter uma carreira bem-sucedida, frutífera, sem se tornarem administradores. Mas a pessoa cuja função não é "fazer", mas mandar outros fazerem, deve ter o desejo de realizar objetivos por meio de outros. Se você é uma pessoa desse tipo, a delegação é um instrumento vital.

Ao mesmo tempo em que se decide a ser um administrador, você também pode querer ser um realizador. O administrador que se empenha em realizar deve estar atento aos detalhes da organização e da administração da empresa, sem se deixar, porém, hipnotizar por eles. O administrador que quer realizar volta-se para as metas, não para as estruturas. O administrador que quer realizar corre riscos calculados para expandir suas realizações e seu poder. Os administradores que são principalmente burocratas ou despachadores de papéis não têm a atitude que pode conduzir à delegação efetiva.

O terceiro componente importante de sua atitude está na opinião que você tem sobre seus subordinados. As pessoas que delegam com eficiência não são autocratas ou manipuladoras do poder. Não vêem os subordinados como concorrentes, como o "inimigo", como vassalos ou peões. Consideram os subordinados como um recurso para obter resultados. Ajudam-nos a usar bem seus talentos e os tratam bem. Não os exploram, mas os ajudam a se desenvolverem. Não se colocam em posição de confronto com eles, mas na de colaboradores. Não sobem nas costas dos outros, mas dirigem seus esforços para levar todos aos níveis mais altos de resultados.

2. *HÁBITO*

Saber como delegar não basta para fazer de você uma pessoa capaz de delegar com eficiência. Quem lê os manuais de golfe escritos pelos grandes profissionais desse esporte, quem aprende de cor todas as "dicas" relevantes, mas nunca pega num taco, não tem melhor desempenho do que o pior dos principiantes quando visita um campo pela primeira vez. Uma tacada de golfe, seja reta como a de Trevino, ou circular como a de Palmer, é em grande parte uma questão de hábito desenvolvido em longas horas de prática. A teoria pode ajudar a corrigir um erro, mas só a prática pode traduzir essa teoria em resultados representados por pontos.

A única maneira de desenvolver sua capacidade de delegar, a única maneira de se tornar uma pessoa que delega, é delegando. Bill Henderson talvez soubesse tanto quanto Ted Murray sobre a teoria da delegação. Talvez desejasse com a mesma intensidade obter os resultados que a delegação colocou ao alcance de Ted. Mas falhou porque nunca desenvolveu o hábito de delegar.

Tenha sempre presente que Ted também não começou como uma pessoa que sabia delegar. Mas, logo no início de sua carreira administrativa, ele formou, deliberadamente, o hábito de delegar sempre que possível. Nem sempre teve êxito, mas perseverou. Sua capacidade de delegar melhorou. A delegação tornou-se, para ele, quase que automática. Os velhos hábitos são cômodos. Os novos só podem ser adquiridos com esforço. Mas, se você não se forçar no sentido de delegar, as novas realizações serão impossíveis.

TÉCNICAS

Outros capítulos deste livro examinam a escolha do delegado, a seleção das tarefas adequadas à delegação, a atribuição das tarefas e o acompanhamento de sua execução. Essas técnicas ajudam a tornar bem-sucedidas suas tentativas de delegação, e o afastam das armadilhas mais comuns. Elas são importantes porque a delegação não é uma habilidade "instintiva". Os administradores tendem a ser dinâmicos e a se envolver com as tarefas. A delegação exige que você recue e dê ao seu subordinado espaço para trabalhar. Os administradores gostam de tomar decisões. Delegar significa transferir algumas dessas decisões para outras pessoas.

A delegação, porém, não é um processo mecânico. É necessário enquadrar as técnicas nas complexidades de cada situação e nas variáveis representadas pelas pessoas que dela participam – você, seu subordinado, seu chefe e todos os outros afetados pela delegação. É por isso que a delegação é muito mais uma arte do que uma ciência. As técnicas de delegar são antes orientações gerais do que regras rigorosas.

DELEGAÇÃO E CONTROLES

Os controles estão entre as técnicas mais importantes de uma delegação eficiente. À primeira vista, isso parece uma contradição. Delegar não significa abrir mão do controle? Toda a sua finalidade não é deixar que os subordinados façam as tarefas por sua própria conta, tomem decisões com independência? Como poderíamos nós, como administradores, controlar sem fazermos nós mesmos a tarefa ou sem ficarmos em cima do subordinado para ver se ele está trabalhando direito?

O fato é que delegar nunca significa abandonar o controle. Quem delega sem acompanhar o trabalho está falhando como administrador. Ao aprender a delegar, você tem de aprender também a receber informações sobre seus delegados, a fixar padrões para eles, a guiar e corrigir seus atos, a fim de impedir desastres.

Na realidade, os controles ressaltam o processo de delegação de várias maneiras. Dão aos que delegam a confiança de abrir mão do ato concreto de "fazer", passando-o a um subordinado. Os administradores muito conscientes sentem certo receio em passar a bola a um subordinado para a realização de uma tarefa. Os controles libertam-nos desse medo, permitindo que transfiram a realização sem abandonar a responsabilidade.

Os controles também não prejudicam o estilo dos delegados. Os sistemas de controle bem-planejados servem de guia para os resultados, aplainam dificuldades, preenchem lacunas. Em lugar de sufocar a iniciativa, os controles impedem que os delegados cometam os tipos de erros sérios que podem facilmente desmoralizar as pessoas que procuram ingressar em novas áreas e adquirir novos conhecimentos.

ESCOLHA DO ADMINISTRADOR

O caso de Ted Murray e Bill Henderson é mais que um exemplo cômodo para um livro sobre delegação. Você não precisa procurar muito para encontrar esses dois tipos de administradores. Eles estão à sua volta. Os Ted Murrays são os que fazem carreira rapidamente. Conseguem realizar as coisas. Não trabalham necessariamente 16 horas por dia, não levam pastas cheias para casa, nem andam correndo numa atividade frenética. Simplesmente apresentam sempre resultados melhores do que os seus colegas que não adquiriram o hábito de delegar poderes. Os Bill Hendersons, por outro lado, são aqueles que marcam passo, apesar de todos os seus honestos esforços. Sua produção mostra isso; o progresso de sua carreira também.

Delegar ou não delegar. Todo administrador deve escolher o seu próprio caminho. A experiência, porém, mostrou que, quando se trata de êxito na administração, o caminho da pessoa que delega leva à estrada do êxito.

2

POR QUE DELEGAR?

Por que delegar? Eis uma boa pergunta.

Você precisa compreender as razões que levam uma pessoa a delegar para que possa desenvolver um enfoque eficiente da delegação. Esta não é uma formalidade, não é um exercício que possa ser aprendido de cor, nem um aspecto periférico da tarefa real de administrar. A delegação é a essência da administração. Nem você nem qualquer outra pessoa podem ser bons administradores sem serem eficientes na delegação.

Para compreender por que deve delegar, e delegar com eficiência, é necessário saber quais os resultados que você procura alcançar, quais suas metas e objetivos, e como a delegação os coloca a seu alcance. Você também compreenderá melhor a importância da delegação quando for capaz de identificar rapidamente os atoleiros dos esforços desperdiçados e a estagnação organizacional que surge quando os administradores não delegam com eficiência.

OS SINAIS DA DELEGAÇÃO INEFICIENTE

A delegação ineficiente é a causa fundamental da administração inadequada. Infelizmente, porém, a delegação ineficiente não se destaca como um farol luminoso no funcionamento do cotidiano do administrador. A identificação desses sinais é difícil.

Para responder a pergunta "Por que delegar?", procure os sinais da delegação ineficiente. Eles são visíveis aos altos executivos experientes, tal como os rastros dos animais são claros ao bom caçador. Primeiro, faça um auto-exame, procurando ver como a delegação ineficiente pode estar prejudicando seu estilo de administrar e suas oportunidades de progredir.

SINAIS IMEDIATOS

- A delegação ineficiente está consumindo seu tempo.
- A delegação ineficiente o está afogando em coisas sem importância.
- A delegação ineficiente está provocando conflitos com subordinados.

Você não precisa procurar muito para encontrar sinais de delegação ineficiente – basta olhar para o monte de trabalho em sua caixa de "entrada", basta olhar para a pasta volumosa que você leva todas as noites para casa, e para o bolo que se forma em seu estômago, na medida em que os prazos se vencem sem que você conclua as tarefas.

Tempo e insignificâncias. Nunca há tempo suficiente. E as insignificâncias sempre são demais. Vejamos dois exemplos:

1. O gerente de vendas de uma distribuidora de equipamentos elétricos precisava percorrer todos os meses os seis distritos de vendas da companhia. Idealmente, essa tarefa lhe tomava três dias, com tempo bastante para examinar a situação em cada escritório. Em lugar disso, procurava fazer o trabalho em dois dias. Se pudesse reduzir a viagem a um único dia, ele o teria feito.

Por quê? Temia ver a pilha de trabalho sobre sua mesa, ao voltar. Odiava pensar nos problemas que cresciam enquanto seus subordinados esperavam que voltasse. Sabia que teria de se desdobrar para colocar o serviço em dia, durante o resto da semana que se seguia à viagem.

Esses são sinais clássicos da delegação ineficiente. Esse gerente se havia transformado na mola mestra, muito comprimida, de seu departamento. Ele fazia as coisas andarem. Mas, ao contrário da mola mestra de um relógio, que impulsiona as rodas e engrenagens que movimentam os ponteiros dos segundos, horas e minutos, ele não transferia poderes a outras pessoas. Tomava todas as decisões, enfeixava tudo nas mãos. Em conseqüência, quando voltava de suas viagens, era inundado de cartas, memorandos e perguntas dos subordinados e do chefe. Seu tempo era consumido em coisas sem importância. Portanto, tinha de reduzir o tempo que deveria ser dedicado a tarefas mais importantes de administração.

2. Tarde de sexta-feira. O supervisor de fábrica de uma empresa de embalagens chama um subordinado para perguntar sobre o esquema de produção do próximo mês. O subordinado desculpa-se. Não sabia que o esquema tinha de ficar pronto tão cedo. Entrega um trabalho não-concluído. O supervisor tem de se resignar a perder outro sábado de praia.

O supervisor delegou a tarefa, mas não foi explícito quanto ao prazo de conclusão. Talvez o subordinado soubesse que podia, facilmente, devolver o trabalho para o chefe – delegar para cima. De qualquer modo, o chefe acaba tendo trabalho extra. E, ao contrário do que geralmente se pensa, os olhos congestionados pelo excesso de trabalho não são indícios de eficiência do administrador. São, ao contrário, sinais de delegação ineficiente.

SINAIS DAS RELAÇÕES COM OS SUBORDINADOS

Pouco tempo e insignificâncias em demasia não são os únicos sinais de delegação ineficiente que você pode encontrar em seu estilo. Outros sinais surgem na maneira pela qual você se relaciona com os subordinados. Quando foi a última vez que você provocou a opinião de um subordinado sobre uma tarefa a ele confiada? Quantas vezes você diz "Faça isto" em lugar de "Como vai o trabalho?".

A delegação é um relacionamento interpessoal. Se suas relações pessoais com os subordinados são deficientes, então você terá problemas em delegar. Isso não significa que o administrador bem-humorado, amável, seja o mais eficiente quando se trata de delegar. Significa, isso sim, que os administradores sigilosos, autocratas, desconfiados, pouco comunicativos terão maior probabilidade de enfrentar problemas de delegação.

Por exemplo: a administradora de uma turma de engenheiros de planejamento foi chamada pelo patrão para explicar por que sua equipe sempre registrava uma produtividade menor que a de outras turmas. Ela não soube explicar.

Seus subordinados, porém, poderiam ter explicado. A administradora não tolerava o menor erro. Não lhes dava informações. Achava que não precisavam saber. Em conseqüência, os subordinados faziam tudo segundo as regras. Checavam seu trabalho com mais cuidado que o necessário, para não descontentar a administradora. Viam-se, por vezes, parados à espera de suas instruções. Sua intolerância em relação a pequenos enganos e sua incapacidade de transmitir informações úteis eram sinais de sua falta de capacidade de delegar com eficiência.

SINAIS ENTRE SEU PESSOAL

- Seus subordinados não têm iniciativa.
- Seus subordinados não pedem sua ajuda, ou então a solicitam com demasiada freqüência.
- Seus subordinados estão quase sempre descontentes com o trabalho.

Esses sinais de delegação ineficiente mostram que são necessárias duas pessoas para haver delegação. Você lidera, seus subordinados o acompanham. Se você não pegar o ritmo, ambos vão tropeçar.

A iniciativa entre os subordinados é um sinal importante da eficiência com que você está delegando. Se sua delegação for ineficiente, a iniciativa será notada pela ausência. A má delegação é como o riquixá chinês. Você é que vai puxando os subordinados, e eles vão sentados no carrinho. Não fique surpreso ao descobrir que a administração é um trabalho duro, horrível.

Vejamos o caso do gerente de segurança de um grande complexo industrial. Seus supervisores de turnos não demonstravam qualquer iniciativa. Todas as propostas de mudança na guarda, toda decisão de compra, toda dificuldade de planejamento acabavam em sua mesa.

Seria seu pessoal simplesmente bronco? Não. Ele é que delegava mal. Todas as vezes que os supervisores de turno lhe perguntavam "Que acha?", ele lhes dava respostas específicas. A síndrome de "agradar ao chefe" predominou, e os supervisores passaram a pedir sempre sua opinião. Essa falta de iniciativa devia ter constituído um alarme para lhe mostrar a deficiência de sua delegação. Ele deveria ter começado a responder as perguntas com outra pergunta: "Que *você* acha?"

Quando seus subordinados nunca o procuram para que você os ajude, isso também constitui sinal de má delegação, tanto quanto no caso inverso, em que estão sempre procurando orientação. Você não toma conhecimento dos problemas até o momento em que seus subordinados se sentem realmente incapazes? Seu pessoal tenta esconder as dificuldades que está enfrentando com as missões que lhe são confiadas? Dizem-lhe que as coisas vão bem quando não vão?

A delegação ineficiente é, com freqüência, responsável por isso. Talvez você retome a tarefa ao primeiro sinal de que o subordinado tem dificuldades de realizá-la. Talvez você se apresse logo a culpar ou censurar um subordinado. Talvez você tenha esquecido que há uma curva de aprendizado em qualquer tarefa. Todas essas atitudes se refletirão no seu pessoal. Elas devem alertá-lo para o fato de que você não está delegando com eficiência.

DESCONTENTAMENTO COM O TRABALHO, SINAL DE MÁ DELEGAÇÃO

A iniciativa de seus subordinados está relacionada com a maneira pela qual eles realizam suas tarefas. A satisfação refere-se ao que sentem em relação a essas tarefas. Esses dois aspectos estão relacionados de perto. A falta de satisfação com o trabalho entre as pessoas que trabalham para você indica, com freqüência, má delegação.

O vice-presidente de uma companhia processadora de alimentos deu ao diretor de *marketing* um assistente para facilitar seu trabalho e para ser treinado a fim de substituí-lo, quando ele fosse promovido. A princípio, esse assistente evidenciou uma aptidão considerável. O diretor de *marketing* mostrou-lhe o funcionamento do departamento e lhe deu muito trabalho para mantê-lo ocupado. Depois de 18 meses, porém, o assistente pediu transferência. Disse que não encontrava estímulo em *marketing*. Seu chefe reconheceu que o desempenho dele havia estacionado há algum tempo. Aprovou o pedido de transferência.

Se estivesse alerta, o diretor de *marketing* poderia ter considerado a situação como um sinal de que não estava delegando de maneira efetiva. Havia mostrado ao assistente como as coisas funcionavam, dera-lhe tarefas, mas não delegara realmente. Mantinha-o ocupado, mas nunca lhe deu total responsabilidade em relação a qualquer das tarefas. Não delegou realmente uma atribuição – não permitiu que o assistente aprendesse fazendo. Este teve a sua formação estacionada pelo "trabalho urgente". Não adquiriu novas experiências com o decorrer do tempo. Ficou simplesmente repetindo as mesmas experiências, mês após mês.

COMO O AMBIENTE INDICA A DELEGAÇÃO DEFICIENTE

- Os ambientes onde predomina a delegação deficiente caracterizam-se pela confusão.
- Os ambientes onde predomina a delegação deficiente são estagnados.
- As dificuldades de comunicação acompanham os ambientes onde predomina a delegação deficiente.

As diferentes formas de delegação deficiente aplicam-se tanto às organizações quanto aos indivíduos. Mais uma vez, você deve estar alerta aos indícios.

É importante ser capaz de reconhecer quando você está trabalhando num ambiente marcado pela delegação ineficiente. Primeiro, você pode fazer alguma coisa para modificar a situação em seu setor. Segundo, você terá muito trabalho em exercer a administração num ambiente contaminado pela delegação deficiente.

A confusão numa empresa indica, muitas vezes, que os administradores não estão delegando poderes com eficiência. As linhas de autoridade não são claras. As atribuições se sobrepõem. As reações à crise e o "apagar de incêndios" substituem o planejamento racional.

Um exemplo: a sede de uma empresa mandou seu vice-presidente administrativo fazer uma avaliação da divisão de transportes da companhia, que não era lucrativa. O vice-diretor encontrou custos elevados e rendas baixas devido à desorganização. O diretor da divisão não havia estabelecido descrições claras dos cargos em nenhum nível. Algumas áreas de responsabilidade confundiam-se com outras. Certas tarefas eram executadas por quem as quisesse assumir. Reuniões sem sentido substituíam a administração eficiente.

A delegação deficiente estava, nesse caso, sob a superfície. As organizações eficientes são construídas em pirâmides de delegação. Os administradores recebem áreas de responsabilidade bem-delimitadas por seus chefes. E, por sua vez, delegam certas tarefas a seus subordinados. Sem essas estruturas bem-ordenadas, a organização cai em confusão. Os resultados e os lucros saem pela janela.

A estagnação é outro indício de delegação deficiente em nível de organização. Dá-se maior ênfase aos métodos do que aos resultados. A organização reage lentamente à mudança. A posição e a situação tornam-se mais valorizadas do que as oportunidades de ser eficiente. A organização não tem prioridades claras, a não ser perpetuar-se a si mesma. A rigidez substitui a flexibilidade.

A New York Central Railroad foi, há alguns anos, vítima dessa síndrome. Embora muitos outros problemas envolvessem a empresa naquela época, o ex-diretor de desenvolvimento da administração disse que nela os administradores "aposentavam-se antes de abandonarem suas mesas". Eles continuavam a fazer as mesmas coisas, sempre, e não delegavam poderes, provocando um moral baixo entre os níveis administrativos inferiores e a sensação de que não havia oportunidade de progredir ou de realizar alguma coisa. A New York Central Railroad estagnou para depois se fundir a outra estrada de ferro, a Pennsylvania Railroad. E, como Penn-Central, acabou indo à falência.

Não obstante, outras ferrovias, que enfrentavam os mesmos problemas, continuaram a operar com sucesso. Atravessaram as mesmas tempestades. Continuaram a oferecer aos clientes serviços excelentes e, aos acionistas, um rendimento decente sobre o investimento. Também nesse caso, soube-se que a habilidade administrativa – a capacidade de delegar poderes, inclusive – libertou tais ferrovias do clima de estagnação que dominou tantas outras.

A má circulação das informações caracteriza, com freqüência, a organização que enfrenta problemas de delegação. O segredo sempre inibe a organização eficiente. As decisões são transferidas para o nível superior. Os pedidos de informação vêm de cima. Ninguém age sem alguma ordem por escrito, mandada pelo chefe. Desenvolve-se uma chuva de memorandos. As ordens são dadas, mas não em tempo. Surgem novos problemas. O processo recomeça. A delegação deficiente institucionalizou-se.

Se você notar, em sua própria empresa, que as pessoas não estão "sendo informadas", que os canais de comunicação estão sufocados por memorandos com informação contraditória, que a indecisão é generalizada entre os altos executivos administrativos, então faça soar o alarme. Pode estar certo de que pessoas incapazes de delegar atribuições estão bloqueando o caminho do progresso. A Westinghouse Electric perdeu seu mercado de bens de consumo para a General Electric pela sua incapacidade de delegar efetivamente em nível de gerentes de divisão. Todas as companhias norte-americanas de automóveis perderam o mercado de carros compactos para os fabricantes estrangeiros por incapacidade de delegar responsabilidade e autoridade a jovens engenheiros interessados, que poderiam ter vencido a ameaça.

A Ilustração 1 é uma lista de sinais comuns de delegação deficiente. Você pode desejar que sua companhia compre exemplares adicionais deste livro para outros diretores e seus subordinados que têm tarefas, deveres e cargos delegáveis. Use a lista de sinais para verificar quantos desses indícios de delegação deficiente se aplicam diretamente a você, quantos se aplicam ao seu pessoal e quantos se aplicam à sua organização. Não tenha medo de se reconhecer culpado das possíveis acusações de delegação deficiente. Compare sua lista com outros que estiverem lendo este livro, para uma avaliação. E lembre-se: o primeiro passo para a solução de um problema é reconhecer que ele existe e ser capaz de defini-lo precisamente. Essa lista – e as sessões destinadas à solução de problemas que ela provocará entre vocês, seus colegas e seu pessoal – ajudará todos a se tornarem bons delegadores – administradores que podem delegar poderes para obterem resultados.

Consulte sempre essa lista, na medida em que for melhorando sua capacidade de delegar. Marque o número de sinais que você eliminou por meio de melhor delegação.

Ilustração 1. *Lista para Identificar Sinais de Delegação Deficiente*

Você

- ☐ Sua carga de trabalho impediu-o de tirar férias regulares.
- ☐ Você se sente quase sempre com excesso de trabalho.
- ☐ Você deixa as tarefas inacabadas.
- ☐ Você leva trabalho para casa, na maioria das noites e dos fins de semana.
- ☐ Você tem sempre a impressão de que tem mais trabalho do que seus subordinados.
- ☐ O planejamento não é prioritário para você.
- ☐ Você não tem tempo para atividades exteriores, cívicas ou recreativas.
- ☐ Na semana passada, você empenhou-se num trabalho minucioso que não é parte de seu cargo.
- ☐ Freqüentemente você acaba fazendo o trabalho de seus subordinados para eles.
- ☐ As crises e os problemas são mais comuns que as oportunidades, em seu cargo.
- ☐ Com freqüência, você tem de explicar detalhadamente uma tarefa a um seu subordinado.
- ☐ Com freqüência você tem problemas em cumprir prazos.
- ☐ Você gosta de dar uma mão no seu velho trabalho.
- ☐ Você é um perfeccionista e se orgulha disso.
- ☐ Você gostaria de ter mais tempo para sua família.
- ☐ Você não pode mencionar imediatamente suas três principais metas de trabalho.

- ☐ Você acredita em dar aos subordinados apenas as informações de que precisam para realizar tarefas específicas.
- ☐ Você raramente pede a opinião de seus subordinados sobre alguma coisa.
- ☐ Você dá ordens com muita freqüência.
- ☐ Seus subordinados não merecem, na sua opinião, muita confiança.
- ☐ Você acha, em geral, que a reprimenda é mais eficiente que o estímulo.
- ☐ Você tem dificuldade em aceitar as idéias sugeridas por alguém.

Seu pessoal

- ☐ Você tem por vezes a impressão de que eles o estão sabotando.
- ☐ Eles não trabalham.
- ☐ A maneira de fazer uma coisa é para eles mais importante do que aquilo que se faz.
- ☐ Recusam-se a tomar decisões sem primeiro consultar você.
- ☐ Eles são incontroláveis.
- ☐ Eles procuram com você orientação sobre o trabalho com maior freqüência do que é necessário.
- ☐ Eles ultrapassam regularmente a autoridade deles.
- ☐ Agem de acordo com a letra, e não com o espírito da tarefa.
- ☐ Por vezes, eles só o consultam quanto a medidas significativas depois do fato consumado.
- ☐ Nenhum deles poderia substituí-lo se você tivesse de se ausentar.
- ☐ Eles lhe devolvem tarefas, e fica por isso mesmo.
- ☐ Eles não trabalhariam se você não estivesse presente para forçá-los.
- ☐ Suas habilitações são essencialmente as mesmas de um ano atrás.
- ☐ Eles raramente o procuram com novas idéias ou novas maneiras de fazer o trabalho.
- ☐ Nenhum deles provavelmente o substituirá quando você deixar o cargo.

Sua Organização

- ☐ Ninguém parece saber o que é mais importante.
- ☐ O planejamento, especialmente a longo prazo, é inadequado.
- ☐ Freqüentemente surge confusão com as descrições de funções e as áreas de responsabilidade.
- ☐ Não existe uma clara hierarquia de autoridade na organização.
- ☐ As decisões, mesmo as menores, são habitualmente tomadas nos altos níveis administrativos.
- ☐ Tarefas importantes ficam entregues a "qualquer um".
- ☐ Os métodos têm mais importância que os resultados.
- ☐ A crítica é mais comum que o elogio.
- ☐ O *status* é proporcionado apenas pelo cargo, não pelas realizações.
- ☐ A operação é controlada por uma única pessoa e todos sabem disso.
- ☐ Os viciados no trabalho são favorecidos quando das promoções.
- ☐ A organização tem uma baixa proporção de secretárias ou assistentes em relação aos administradores.

- ☐ Os controles são demasiado rígidos e exigem muita papelada.
- ☐ A capacidade de delegar efetivamente não é considerada nas avaliações de desempenho.
- ☐ Administradores-chaves são freqüentemente contratados fora da organização.
- ☐ A organização reage lentamente à mudança.
- ☐ Os administradores jovens freqüentemente deixam a firma.
- ☐ Espera-se, com freqüência, que os administradores façam um trabalho detalhado.
- ☐ A comunicação é limitada e restrita, em vez de ampla e generalizada.
- ☐ A idéia de participação é considerada uma loucura.

RESULTADOS POSITIVOS DA DELEGAÇÃO

Você pôde observar como a delegação deficiente dá origem a uma série de males administrativos. Mas, além de eliminar tais problemas, que outras coisas a capacidade de delegar com mais eficiência oferece aos administradores?

A delegação voltada para resultados melhora sua situação de trabalho, beneficia a organização e ajuda seus subordinados. O domínio da capacidade de delegar proporcionará a você o mesmo sentimento de importância que tem o goleiro que defende um pênalti em jogo de decisão de campeonato. E quando você se tornar uma pessoa capaz de delegar com sucesso, provavelmente obterá um novo "contrato psicológico" da sua administração, que será, relativamente falando, tão valioso para a sua carreira quanto o novo contrato que o goleiro poderá negociar para ele. Você ganhará dinheiro, poder, segurança. Vejamos os resultados positivos mais importantes em cada uma dessas áreas.

DELEGAR MULTIPLICA A PRODUTIVIDADE

Sua tarefa como administrador é produzir, obter resultados. Como qualquer outra pessoa, você sofre limitações rigorosas quanto ao volume de trabalho que pode completar dentro de determinado tempo. A única maneira de aumentar os resultados é realizar o trabalho por intermédio de outras pessoas. A maneira mais eficiente de fazer isso é delegando.

Da mesma maneira que os empréstimos permitem a uma empresa produzir mais com o mesmo capital social, assim também a delegação amplia os esforços do administrador como indivíduo. Por exemplo, se você gasta meia hora delegando uma tarefa a um subordinado e este gasta quatro horas na execução dessa tarefa, então você produziu até oito vezes os resultados que poderia obter se não tivesse delegado.

Tomar empréstimos para operar um negócio pode ser arriscado. É verdade. E a delegação também tem seus riscos. Mas, quando você usa técnicas de delegação já comprovadas e controla essa delegação com êxito, os riscos tornam-se insignificantes se comparados aos resultados que a delegação coloca ao seu alcance.

A maior produtividade resultante da delegação é ilustrada pelo caso seguinte: o gerente de pessoal de uma pequena mas crescente companhia de equipamentos de comunicações teve de contratar mais engenheiros. O gerente habitualmente conseguia bons candidatos entrando em contato com as universidades locais.

Muitas dessas universidades realizavam encontros entre os empregadores e os novos engenheiros na mesma época do ano. O gerente só podia comparecer a uma meia dúzia deles. Sua opinião de que ninguém entre os subordinados podia fazer essa contratação importante limitou seus resultados nessa área.

Mas a necessidade de novos engenheiros obrigou-o a recorrer à delegação. Escolheu quatro de seus subordinados e lhes explicou cuidadosamente o tipo de candidatos que a companhia estava procurando. Ensinou-lhes as técnicas de entrevista. Depois, mandou que saíssem em campo.

Em conseqüência da delegação, a companhia foi representada em 30 universidades, e não em apenas seis. A delegação multiplicou a eficiência do gerente. Ele manteve o controle peneirando todos os candidatos potenciais selecionados pelos subordinados.

Outro interessante exemplo de aumento da produtividade em conseqüência da delegação está relacionado com os membros de sindicatos. A Eastern Airlines, uma empresa norte-americana de navegação aérea, sofreu desastrosos prejuízos nos últimos anos. O aumento da produtividade foi escolhido pela administração e pelos líderes sindicais como a área na qual se devia colocar a ênfase a fim de reduzir as despesas e enfrentar a grande concorrência de empresas aéreas com baixos custos, como a People Express.

Com a anuência do sindicato, a Eastern delegou autoridade ao chefe da turma de carregamento para liberar o avião para partida tão logo estivesse carregado. Antes, só um supervisor podia fazer isso. Um dos membros da turma de carregamento calculou que tal modificação resultou num aumento de 30 a 40% na produtividade. Além disso, deslocou a responsabilidade para um nível mais adequado, aumentou a satisfação com o trabalho e permitiu maior flexibilidade administrativa — fatores esses examinados em detalhe, mais adiante, neste mesmo capítulo.

O supervisor, porém, ainda conserva o controle sobre essa delegação. Se há atrasos, o chefe da turma de carregamento tem de informar a ele.

DELEGAR PROPORCIONA TEMPO

O administrador muito eficiente, mas assoberbado, cuja mesa transborda numa confusão de coisas, é um mito. Os melhores administradores encontram tempo para pensar e planejar. O tempo é a mercadoria mais valiosa do administrador. E delegar é a melhor maneira de liberar o tempo para os deveres administrativos importantes.

Vejamos um gerente de controle de qualidade numa companhia que fabrica peças para automóveis. Além da pesada carga de trabalho representada pela formulação de padrões de controle de qualidade e pela direção de seu uso prático, seu tempo era consumido em reuniões nas quais os inspetores informavam sobre problemas aos gerentes dos departamentos de produção. Ele comparecia apenas por hábito e raramente dizia alguma coisa.

Livrou-se dessa ocupação, que lhe consumia muito tempo, delegando-a a seu assistente. Este preparava um conciso relatório semanal com os detalhes das reuniões. A delegação liberou meia jornada extra, a cada semana, para o administrador usar em outras tarefas prementes.

ELIMINAÇÃO DE DETALHES SEM IMPORTÂNCIA POR MEIO DA DELEGAÇÃO

Suponhamos que você seja o superintendente de uma fábrica. Começa o dia anotando os números no relatório mensal de produção, embora tudo que você realmente faça seja passar para ele os números que lhe são fornecidos pelos chefes de cada departamento. Depois, você vai até o departamento de engenharia e conversa sobre dois novos projetos. Não é realmente necessário, mas você acha que pode fazer algumas sugestões, já que trabalhou ali. Depois, lembra-se de que um de seus subordinados lhe pediu que pressionasse o departamento de compras para a entrega de certas peças. Em seguida, você atende um chamado da companhia telefônica sobre um problema com um dos troncos. Imediatamente depois de desligar, você se dirige à biblioteca da companhia para verificar a durabilidade de um tipo de plástico a ser usado num novo produto. Feito isso, você finalmente tem tempo para se sentar e pesar os prós e contras da ampliação do armazém. Infelizmente, dentro de 10 minutos você tem de correr para uma reunião relacionada com a visita, na próxima semana, do vice-presidente da empresa.

Detalhes sem importância tomaram toda a sua manhã. Sendo a desgraça de todos os administradores, os detalhes sem importância podem aborrecê-lo ou lhe ser agradáveis. De qualquer modo, eles consomem sua energia, distraindo-o dos aspectos mais importantes do trabalho. Os detalhes sem importância interrompem constantemente sua concentração.

Quando aprende a delegar com eficiência, você transfere a seu assistente a conclusão do relatório sobre a produção. Ele pode levar duas vezes mais tempo para preenchê-lo. E decerto você dará uma rápida conferida em seu trabalho nas primeiras vezes. Mas é menos um detalhe sem importância. Você pára totalmente de visitar a seção de engenharia. Já não é mais seu trabalho. Diz ao seu subordinado que se dirija diretamente ao departamento de compras. Diz à secretária que transfira o problema do tronco para o chefe da manutenção. E manda um subordinado à biblioteca e um representante à reunião. Dedica, então, toda a manhã à importante decisão sobre o armazém. E chega a essa decisão. A delegação permite que você trabalhe para obter resultados, e não sacrifique seu tempo com insignificâncias.

COMO A DELEGAÇÃO PERMITE ADMINISTRAR BEM

Faça a si mesmo uma pergunta: "Depois de ter delegado parte substancial de meu atual trabalho, que vou fazer?" A resposta é: vai administrar.

- Você *planeja*. Estabelece metas, examina contingências, imagina métodos para obter resultados. Faz previsões.
- Você *dirige*. Orienta os subordinados para um esforço eficiente sem tomar decisões no lugar deles. Confere o trabalho que realizam, para mantê-los em linha.
- Você *organiza*. Concebe a estrutura e a política mais adequadas à manutenção da eficiência dentro de sua esfera de controle.

A delegação poupa tempo para todas essas importantes tarefas administrativas. Ajuda-o a evitar crises e a enfrentar as que aparecem. Transforma-o de "fazedor" em verdadeiro administrador.

DESENVOLVIMENTO DO TALENTO ADMINISTRATIVO PELA DELEGAÇÃO

A delegação aumenta sua capacidade de administrar. E, sendo importante para todos os que administram, é ainda mais importante nos níveis superiores. Um mestre de oficina ainda faz coisas, embora delegue outras. Um vice-presidente delega muito mais do que "faz", e deve saber delegar melhor, devido a toda a sua prática.

Como a delegação é um processo interpessoal fundamental, o ato de delegar melhora sua capacidade de trabalhar com outros. Para mandar alguém fazer alguma coisa, não é preciso ter muita habilidade. A delegação da autoridade e da responsabilidade a outros exige talento de comunicação, disposição de ouvir, jeito para motivar e capacidade de despertar confiança e inspirar lealdade.

PROMOÇÃO DA EFICIÊNCIA ORGANIZACIONAL PELA DELEGAÇÃO

No comércio mundial, a lei da vantagem relativa afirma que todas as nações se beneficiam, se cada uma delas produzir aquilo que pode fazer com mais eficiência e importar aquilo que os outros países produzem a menores custos. Essa regra aplica-se também à eficiência nas organizações. A empresa beneficia-se se cada um de seus colaboradores se concentrar na área em que tem uma vantagem comparativa.

Note-se que falamos de vantagem relativa ou comparativa, e não de vantagem absoluta, e essa distinção é importante. Um gerente de estoques pode ser excelente datilógrafo. Pode datilografar bem mais depressa do que sua secretária. Mas esta tem uma capacidade limitada quando se trata de tomar decisões relacionadas com estoques. A regra da vantagem comparativa afirma que a empresa se beneficiará se o gerente se limitar estritamente às decisões sobre estoques e delegar toda a datilografia à secretária.

As razões para a delegação devem ser encontradas examinando-se a melhor utilização possível do recurso. A delegação transfere o trabalho para um nível inferior da hierarquia, e ele é completado por funcionários de menor remuneração, e não por administradores bem-pagos. Maior rendimento de trabalho é obtido para cada tostão gasto em salários.

Veja-se o caso de um contador de uma firma de programação de computadores que foi promovido a gerente financeiro. Entre suas funções estava a de dirigir uma seção de contabilidade com 12 pessoas.

Esse gerente era um especialista em contabilidade de custos. Gostava do assunto e tinha muita experiência nesse campo. Fazer o programa de custos de um projeto típico tomava-lhe, em média, cerca de duas horas. O subordinado que assumiu a contabilidade de custos era menos conhecedor do assunto e, em geral, gastava três horas num projeto.

Seria vantajoso para a empresa fazer com que o novo gerente financeiro se ocupasse da contabilidade dos custos? Não. Primeiro, ele estava ganhando duas vezes o salário de seu subordinado. Por isso, custaria mais à firma se ele se ocupasse de projetos, embora trabalhasse mais depressa. Em segundo lugar, o gerente financeiro podia tratar de muitos problemas administrativos que não estavam ao alcance do subordinado. Delegar a contabilidade de custos, nesse caso, melhorou a eficiência geral.

COMO A DELEGAÇÃO SITUA AS TOMADAS DE DECISÃO NOS NÍVEIS ADEQUADOS

As decisões são perecíveis. Quando os dados relacionados com determinada situação percorrem os canais competentes e chegam ao local da decisão, e esta volta a percorrer esses canais para chegar ao local da situação, no intervalo pode ter ocorrido alguma modificação.

A delegação – em contraposição à simples atribuição de funções – sempre exige de um subordinado certo grau de decisão. O subordinado exerce seu critério, dependendo das circunstâncias. A delegação permite decisões mais oportunas e de melhor qualidade. Aquele que toma a decisão tem o contato direto com a situação e o conhecimento que isso proporciona, e que nem sempre pode ser transmitido ao chefe por meio de estatísticas ou mesmo de um relatório oral. A empresa é beneficiada.

Um gerente de uma companhia de *containers* de plástico não permitia que seus vendedores fizessem quaisquer concessões de preços sem primeiro falar com ele. Em muitos casos, porém, ele aprovava o desconto, depois de ouvir os argumentos do vendedor.

No entanto, o mercado em que a companhia operava era altamente competitivo. Os vendedores informaram ao chefe que a firma estava perdendo contas lucrativas devido à demora provocada pela necessidade de ter aprovação superior com relação aos descontos, ou porque o chefe de vendas não compreendia as sutilezas envolvidas nas relações com certos clientes.

Depois de um período de estagnação nas vendas, o gerente de vendas resolveu tentar a delegação. Disse aos subordinados que podiam resolver quanto aos descontos, dentro de certos limites, e para cada produto. Com essa flexibilidade, os vendedores fecharam negócios adicionais sem perda significativa da margem de lucro. A fatia de mercado controlada pela firma aumentou.

POR QUE A DELEGAÇÃO FACILITA A DESCENTRALIZAÇÃO E A DIVERSIFICAÇÃO

O crescimento significa, em geral, uma ampliação geográfica. Significa, em muitos casos, a participação em novos mercados, ou mesmo em novas indústrias. Uma companhia localizada num único ponto e com mercados limitados pode sobreviver apesar da delegação deficiente. Mas, quando começar a expandir-se para novas áreas, os problemas crescerão.

Um administrador cujos subordinados estão trabalhando na sala ao lado pode operar com um mínimo de delegação. Mas se eles estiverem localizados em outro Estado? Poderão comunicar o que acontece, com rapidez e eficiência? E será a decisão do administrador tão oportuna quanto seria a de seus subordinados, se lhes tivesse sido delegada a autoridade para tanto? Não.

Para as companhias que praticam a delegação efetiva, é fácil descentralizar e diversificar. Os administradores encarregados de novos locais recebem a delegação da autoridade e o poder de tomar decisões que lhes são necessários. Não ficam amarrados por uma cadeia de comando inflexível, guiados apenas por sistemas eficientes de controle.

A DELEGAÇÃO ESTIMULA A PARTICIPAÇÃO VOLTADA PARA RESULTADOS

As vantagens da participação do pessoal na administração é assunto que vem sendo discutido há vários anos. Algumas companhias criaram comissões especiais de trabalhadores para fornecerem dados a serem usados nas decisões. A Chrysler Corp. colocou o chefe do sindicato dos trabalhadores em empresas de automóveis no seu conselho de diretores.

Mas não existe nada melhor do que a delegação para promover a participação interessada dos empregados na operação da companhia. A presença de representantes dos empregados nos conselhos de diretores pode aumentar a sensação de participação dos funcionários. Mas delegar-lhes tarefas cotidianas que lhes dão a oportunidade de tomar decisões concretas faz com que se sintam mais responsáveis, dá-lhes a sensação de estarem contribuindo para resultados específicos. Para a companhia, isso se traduz em maior satisfação para o empregado, menor rotatividade do pessoal e melhores resultados.

A DELEGAÇÃO AUMENTA A FLEXIBILIDADE DA ADMINISTRAÇÃO

Uma companhia grande, diversificada, que enfatizou a delegação eficiente em todos os níveis, transferiu um jovem gerente financeiro da divisão de produtos para o consumidor para sua subsidiária que fabricava grampeadores industriais, a fim de lhe proporcionar uma visão mais geral da empresa. No novo cargo, ele tinha 10 pessoas sob suas ordens. Perguntou a cada uma delas: "Quais as metas que tem atualmente e como pretende alcançá-las?" Isso feito, passou em revista e discutiu as operações com os colegas. O trabalho de seu setor melhorou. Ele já tinha uma visão dos pontos essenciais.

Esse exemplo mostra outra vantagem proporcionada à organização, pela delegação eficiente. O administrador realizou facilmente a transição de uma divisão para outra porque, nessa companhia, os administradores administram. Ou seja, delegam. Numa firma com delegação deficiente, o administrador teria sido colhido em complicadas teias de pequenos detalhes e inundado de pedidos de orientação e decisões pelos subordinados. A atividade do seu pessoal teria diminuído de ritmo até que ele se familiarizasse com as muitas coisas que teria de resolver pessoalmente no novo departamento.

Esse tipo de flexibilidade é muito valioso para uma companhia, especialmente quando ela está crescendo. Delegando os detalhes, os administradores tornam-se especialistas na arte de administrar.

A DELEGAÇÃO AUMENTA A SATISFAÇÃO COM O TRABALHO

Receber ordens é tedioso. Tomar decisões é interessante. As funções rotineiras são aborrecidas. Os desafios são estimulantes. Ser uma engrenagem numa máquina torna apáticos os empregados. Quando podem colaborar, porém, eles se tornam entusiastas.

Um supervisor de armazém, numa firma de produtos de construção, havia passado muitos anos no cargo. Mas, como disse um de seus colegas: "Ele é preguiçoso como uma tartaruga tomando sol num areal." Desempenhava suas funções, mas reservava todo o seu entusiasmo para o jogo de boliche dos fins de semana. Seus subordinados gostavam dele, mas seus superiores o consideravam apenas competente.

Chegou um novo gerente de amarzém. Chamou o supervisor ao seu gabinete para discutir um sistema melhor de manutenção do fichário do estoque ali armazenado. Perguntou-lhe se considerava isso possível. "Certamente", respondeu o supervisor. "Há muitas coisas que se podem fazer." O gerente expôs alguns dos critérios que lhe pareciam aplicáveis ao caso e pediu ao supervisor que apresentasse um plano dentro de seis semanas.

Os subordinados do supervisor espantaram-se ao vê-lo transformar-se num verdadeiro vendaval de atividade. Estudou os registros. Conversou com os gerentes de *marketing* e de produção. Leu a respeito de sistemas modernos de controle de estoques. "Parece que ele está cavando uma promoção", comentou um dos funcionários.

Durante a semana em que o supervisor preparou os detalhes do novo plano de estocagem, esqueceu-se até mesmo de sua noite regular de boliche. "Tenho coisas mais importantes a fazer", disse aos companheiros.

Esse é apenas um exemplo de como a delegação de uma tarefa deu ao delegado o sentimento de responsabilidade, confiança e poder, afastando-o da rotina mortal do trabalho e estimulando-o.

A DELEGAÇÃO PROPORCIONA VARIEDADE E NOVIDADE

As tarefas tornam-se mais fáceis na medida em que são repetidas. É o que os engenheiros industriais chamam de curva de aprendizado. Mas tarefas que a princípio são fascinantes também podem tornar-se monótonas com a repetição. É o que poderíamos chamar de curva do tédio.

Muitas das tarefas de um administrador são passíveis de uma curva do tédio. As primeiras reuniões, os primeiros relatórios, as primeiras viagens de inspeção são estimulantes. Depois, transformam-se em lugares-comuns. Finalmente, em rotinas monótonas.

Para os subordinados do administrador, porém, receber a incumbência de terminar relatórios importantes representa um novo desafio. Ser convidado a participar de reuniões como representante de seus chefes é uma recompensa. Fazer viagens de inspeção é uma atividade fora da rotina, muito bem recebida.

Por exemplo, a diretora de *marketing* de uma companhia de brinquedos de Filadélfia comparecia a uma exposição desses produtos realizada, todas as primaveras, na Costa Oeste dos Estados Unidos. Embora não se tratasse de uma grande exposição, ela achava que devia ir para observar os concorrentes e as novas tendências. Na realidade, já começava a se cansar da longa viagem e da perturbação de seus esquemas numa época em que estava particularmente ocupada.

A solução? Delegou a tarefa a um assistente promissor. Foi a primeira viagem de negócios que fez, e ele recebeu com satisfação a oportunidade de sair do escritório. Longe de ser um aborrecimento, a viagem foi estimulante. Voltou cheio de idéias novas e com grande entusiasmo.

O DESENVOLVIMENTO DA CAPACIDADE PELA DELEGAÇÃO

O processo de se tornar uma pessoa capaz de delegar bem, além de ser um aprendizado, é também uma forma de obter resultados específicos. O mestre, nesse processo, não é apenas a pessoa que delega, mas a própria experiência. Nenhum volume ou tipo de treinamento ensina aos soldados o que é estar sob o fogo real de uma batalha, nem mesmo o exercício de rastejar pelos obstáculos com instrutores disparando tiros reais a meio metro de suas cabeças. Os manuais não podem substituir a prática, embora possam apressar-lhe a assimilação.

Os programas de treinamento podem ensinar aos empregados habilidades específicas, como programação de computadores, enquanto a delegação ensina aos subordinados uma variedade de habilitações gerais, pela prática. A tomada de decisão é um bom exemplo. Como a delegação exige que os subordinados tomem decisões, eles sentem a necessidade de colher informações, avaliar cuidadosamente tais informações e fazer escolhas oportunas entre várias opções existentes.

Você verá que é difícil ensinar (ou aprender) a ser autônomo sem usar a delegação. Embora possa fixar prazos para os resultados, seus delegados devem avaliar o volume de trabalho a ser feito, ritmar seus esforços e se motivar para completar as tarefas. Devem aprender a usar seus próprios critérios. As pessoas que sempre têm seu rumo fixado pelos chefes não adquirem experiência nesse sentido.

A DELEGAÇÃO MELHORA A AVALIAÇÃO DO POTENCIAL HUMANO

O objetivo da delegação de tarefas não é testar os subordinados, nem é uma questão de fazer ou morrer. A delegação, porém, fornece com muita freqüência indicações sobre a capacidade e a incapacidade dos delegados que, sem ela, não se revelariam.

O gerente de relações humanas de uma grande companhia de pneus tinha entre seu pessoal um pesquisador muito brilhante e talentoso. O gerente pensava promover um de seus funcionários a gerente assistente, e estava de olho no jovem para o cargo.

Resolveu delegar-lhe uma reunião de negociação menos importante com os representantes do sindicato de uma das subsidiárias da firma. Explicou detalhadamente ao subordinado o que poderia esperar, e mandou-o agir. Os resultados não foram espetaculares. A reunião deixou pendente a maioria dos assuntos. Por sua vez, o subordinado sentiu que, embora gostasse de trabalhar atrás das cortinas, não tinha temperamento para ser um negociador trabalhista, frente a frente com o outro lado. O cargo não lhe servia.

Essa delegação não produziu resultados ótimos a curto prazo. O gerente poderia ter comparecido e obtido mais resultados do que o subordinado. Mas proporcionou um resultado importante a longo prazo. Ajudou o gerente a avaliar um subordinado, com base na experiência real, e não numa suposição. Deu-lhe elementos para que pudesse orientar o subordinado para uma função promissora, em lugar de colocá-lo num cargo que não lhe servia.

Os administradores têm, por vezes, dificuldades em avaliar os subordinados. Decidem eles rapidamente depois de pesar os fatos relevantes? Esquecem-se de detalhes importantes? Trabalham bem com outros? Demonstram iniciativa? A resposta a essas perguntas é encontrada, com freqüência, na observação do seu desempenho em tarefas que lhes são delegadas.

3

QUE DELEGAR?

Uma caricatura recentemente publicada pelo *The New Yorker* mostrava um gerente sentado no meio de um escritório espaçoso, mas vazio. E ele explica a um colega: "Tudo o que preciso é de uma cadeira. Eu delego tudo."

Essa idéia não é tão absurda quanto possa parecer. De fato, ela deve constituir seu ponto de partida quando você examina a questão de que delegar. Um bom administrador deve estar ansioso por encontrar uma oportunidade de delegar. Não pergunte "Por que delegar?", mas "Por que não delegar?". Se você não pode pensar numa boa razão para fazer uma tarefa, então encontre uma forma de delegá-la. Delegue tudo.

UM COMEÇO SÚBITO

O supervisor de controle da produção de uma companhia de componentes de automóveis fez a si mesmo a seguinte pergunta: "Que aconteceria se eu tivesse de viajar hoje e ficar fora da fábrica durante um mês?"

Começou a imaginar o que iria acontecer caso, tendo apenas um dia para arrumar as coisas, tivesse de deixar a fábrica e passar suas funções aos atuais subordinados.

- A linha de produção teria seu ritmo diminuído, ou chegaria até mesmo a parar?
- Ocorreriam dentro de poucos dias desastrosos problemas de produção?
- Estaria seu pessoal preparado para substituí-lo?
- A companhia perderia negócios ou lucraria? Quanto?
- As coisas funcionariam normalmente, apenas com pequenos problemas?

Ele preparou uma lista das principais tarefas que tinha pela frente nos meses seguintes. Depois, anotou rapidamente os nomes das melhores pessoas para se ocuparem delas. Tentou imaginar como se sairiam nessas incumbências, que instruções seriam necessárias, que autoridade adicional teriam de receber.

Algumas tarefas não podiam, evidentemente, ser realizadas com a mesma eficiência por seus subordinados. As decisões sobre admissões e dispensas, as recomendações sobre salários, as oscilações orçamentárias e os planos de produção a longo prazo exigiam, todos, sua atenção pessoal. Mas a maioria das tarefas podia esperar facilmente a sua volta sem provocar o caos nas operações cotidianas.

O supervisor previu poucos problemas. Havia delegado tarefas no passado e tinha boa idéia da capacidade de seu pessoal. Teria uma pilha de trabalho à sua espera quando voltasse, mas o mês passado fora não significaria a paralisação da companhia. Em conseqüência de sua especulação, o supervisor resolveu tirar duas semanas de férias, as primeiras em vários anos.

VOCÊ PARTE HOJE

Você poderá beneficiar-se de uma análise semelhante. Examine melhor tudo o que faz num mês. Depois, imagine que tenha de viajar inesperadamente. Faça três perguntas em relação a cada tarefa: Quem, entre seus subordinados, poderia incumbir-se dela? Que autoridade e que preparativos seriam necessários para isso? Essa pessoa faria um bom trabalho?

Uma vez feito isso, examine cada tarefa que poderia ser bem feita por um de seus subordinados, apenas com um preparo rápido. Então, pergunte: Por que não lhe delego essa função agora?

Não pense que se trata de uma pergunta fácil. Respostas que nada dizem, como "Eu sempre fiz isso" ou "Eu gosto de fazer isso" ou "É melhor que eu trate disso pessoalmente", não valem. Você está tentando estabelecer novas estruturas que sejam mais eficientes do que a maneira pela qual "você sempre fez". E um bom administrador não perde tempo fazendo um trabalho que poderia ser delegado, apenas porque esse trabalho é agradável. E, no que se relaciona às aparências, os bons resultados ficam sempre melhores do que a atividade febril ou a agitação de um gato em teto de zinco quente.

Se você acha que determinada tarefa não é parte das funções do subordinado, então por que não é? Não seria possível acrescentá-la às suas responsabilidades?

Se você argumenta que o subordinado levaria mais tempo do que você para concluir a tarefa, lembre-se da lei da vantagem comparativa. A transferência de trabalhos para outros situados abaixo na escala administrativa beneficia a organização, mesmo que a tarefa em questão não seja realizada com a mesma rapidez. Examine também a curva de aprendizado. Seu subordinado, com o tempo, pode tornar-se tão hábil quanto você em fazer aquele trabalho.

O objetivo desse exercício, porém, não é proporcionar-lhe tempo para um mês de férias. É identificar suas atuais áreas de responsabilidade que poderiam ser delegadas. Não resista à possibilidade de abrir mão de tarefas. Procure delegar tudo. Se não puder imaginar-se como o homem da caricatura do *The New Yorker*, que delegava tão bem que precisava apenas de uma cadeira para fazer seu trabalho, então se imagine pelo menos capaz de limpar sua mesa no final de cada semana.

TORNE-SE DISPENSÁVEL

Como muitos administradores, você pode ter uma idéia comum, mas errônea, de sua função. Você quer ser indispensável à sua organização. Se a companhia não pode sobreviver sem você, você sente-se seguro. É valorizado. Tem certo grau de poder. É apreciado. E desejado.

Mas você também sente que tem de trabalhar para continuar sendo indispensável. Você reluta em abrir mão de qualquer tarefa, por mais rotineira que seja. Quer meter a mão em tudo.

Vejamos o caso de um ajustador na oficina de um fabricante de aviões. Era excelente em sua função e logo foi promovido a encarregado. Uma das máquinas de seu departamento era particularmente complicada. Precisava de uma assistência especializada constante. Esse homem havia trabalhado com a máquina tanto tempo que sabia onde procurar os defeitos quando estes surgiam. Era sua "filhinha". Sempre que surgia um problema, ele ia solucioná-lo pessoalmente.

Seria esse homem indispensável? Em sua cabeça, a resposta era "sim". Mas sua companhia estava pagando um salário a um encarregado para fazer um trabalho que devia e podia ter sido feito por um funcionário de menor salário. E ele estava prejudicando suas próprias oportunidades de promoção. Como poderia passar a um cargo de maior nível, fora de seu departamento, se não houvesse, para substituí-lo, alguém com experiência naquela máquina? O encarregado havia lançado uma âncora que seria certamente um peso morto em sua carreira.

Um objetivo melhor é tornar-se dispensável. Delegar ao seu pessoal. Dar-lhe experiência. Dar-lhe as informações, a instrução e o treinamento de que precisa. Prapará-lo para assumir as suas funções. Quanto mais você delega, mais depressa se prepara para o dia em que realmente terá de passar todas as suas funções a um sucessor e subir um degrau na organização.

FAZER *VERSUS* MANDAR FAZER

As obrigações de todo administrador podem ser divididas em três níveis:

FAZER

Isso significa obter resultados diretamente. Inclui fazer funcionar uma máquina ou usar uma vassoura. Mas também compreende escrever um parecer jurídico, fazer um desenho técnico, fechar uma venda ou examinar a reclamação de um cliente.

DIRIGIR

Isso inclui tarefas nas quais você está diretamente envolvido com a supervisão de trabalho. Orientar, dar instruções, supervisionar a conclusão, rever os resultados e promover reuniões – todos esses são aspectos do dirigir.

PLANEJAR

Nesse nível, você não está diretamente envolvido no trabalho, mas influi nele a distância. O planejamento estratégico, a elaboração de táticas financeiras, a criação de uma campanha de *marketing*, o preparo de um orçamento, a elaboração de um esquema de produção, o mapeamento das necessidades de estoque – todos esses são aspectos do nível de planejamento.

Quase todos os administradores têm tarefas em cada um desses níveis. Mas, quanto mais um deles sobe na organização, menos "fazer" e mais "planejar" se incluem entre suas atribuições. Você elimina os aspectos do "fazer" relacionados com o seu cargo, delegando-os. Quanto mais "fazer" você transferir para seus subordinados, melhor você administrará e mais se parecerá com os administradores de maior êxito.

TAREFAS A DELEGAR

Seria conveniente que você pudesse ter uma visão a distância do seu cargo, e classificasse claramente todas as suas atuais tarefas, deveres e funções, do ponto de vista da possibilidade de delegá-las ou não aos seus subordinados. Infelizmente, um ataque constante de distrações, detalhes complexos e estímulos em seu trabalho diário acaba por lhe deixar uma visão muito mais complicada daquilo que você pode ou deve delegar.

As linhas gerais que apresentamos a seguir poderão ajudá-lo a isolar as tarefas que, com freqüência, são boas candidatas à delegação. Naturalmente, você deve avaliar cada uma delas pelos próprios méritos que tiver. Mas as que se enquadram numa dessas categorias devem merecer consideração:

- *Rotineiras*
- *Obrigatórias*
- *Sem importância*
- *Especializadas*
- *Desagradáveis*
- *Projetos de estimação*

ROTINEIRAS

Quando você faz um trabalho repetidamente, esse trabalho destaca-se como passível de ser delegado. Por quê? Primeiro, porque a tarefa rotineira é, em geral, mais fácil de transferir a um subordinado. Você mesmo já a fez. Você tem consciência de quaisquer problemas que podem surgir. Você a aborda com métodos comprovados.

Em segundo lugar a delegação da rotina traz grandes dividendos. Quando você estiver preparado para delegar, estabelecer controles e transferir a tarefa, será um vencedor – você irá beneficiar-se a cada vez que outra pessoa a fizer por você. Os resultados que obtém transferindo tarefas de rotina são maiores do que os resultados advindos de uma delegação ocasional.

Vejamos um exemplo simples. Você chega ao escritório todas as manhãs e abre a correspondência. Separa as coisas sem importância, identifica os itens de maior prioridade e separa as cartas que simplesmente contêm informações daqueles que exigem alguma medida, mandando algumas a outros administradores para ciência e arquivando o restante. Por que não delegar esse trabalho de rotina? Se você não tem uma secretária pessoal, transfira-a para outro subordinado. Explique como quer que a correspondência seja arrumada. Deixe que essa pessoa cuide disso. Mesmo que você ganhe apenas 10 minutos por dia, isso representa cerca de uma hora por semana que terá ganho para tratar de assuntos mais importantes, especialmente a reflexão e o planejamento.

Veja o exemplo da assistente de um diretor de revista que era responsável pela aprovação de requisições para usar a lista de mala direta da companhia. A firma tinha a política de ceder essa lista apenas a instituições educacionais ou correlatas. Embora tais requisições fossem pouco freqüentes no passado, posteriormente começaram a ser feitas de maneira mais regular. A assistente viu que estava passando quase duas horas por semana examinando pedidos nesse sentido.

Reconheceu então que essa tarefa de rotina era candidata óbvia à delegação. Explicou a uma secretária de seu departamento como dividir as solicitações em três categorias, dando-lhe instruções para enviar uma carta às empresas que tivessem interesse claramente comercial, explicando a política da companhia, e para encaminhar diretamente ao departamento de *marketing* os pedidos de instituições educacionais. Os poucos casos em que houvesse dúvidas seriam então submetidos à assistente para decisão. Com essa delegação, ela ganhou mais tempo para administrar, pela eliminação de tarefas de rotina da sua função.

OBRIGATÓRIAS

Embora tenha áreas específicas de responsabilidade, a descrição de suas funções não inclui todas as coisas que você faz. Você assume muitas tarefas ocasionais, quando sabe que precisam ser feitas.

Em geral, as tarefas que têm de ser feitas – seja por serem determinadas pela política da companhia ou porque são aspectos necessários dos deveres de um administrador – podem ser delegadas com mais facilidade do que as tarefas ocasionais. Você pode definir com mais facilidade e explicar as tarefas obrigatórias àqueles que vão executá-las por delegação sua. Embora possam exigir decisões, em geral precisam de menos critério administrativo.

As tarefas ocasionais, por outro lado, muitas vezes exigem avaliação e julgamento. Você usa em relação a elas o nível mais diversificado, e superior, de sua experiência. Isso torna o processo mais difícil de ser explicado a um subordinado.

O quadro seguinte o ajudará a distinguir entre as tarefas obrigatórias e as ocasionais. As tarefas na coluna da esquerda têm mais probabilidade de ser aquelas que você pode, e deve, delegar.

Obrigatórias	*Ocasionais*
Supervisionar o inventário do estoque	Verificar a eficiência da operação do estoque
Conferir o registro de horas extras de trabalho do pessoal	Consultar o encarregado sobre a contenção dos custos de horas extras
Comparar os extratos bancários com as contas da firma	Avaliar os novos serviços bancários
Contratar novos empregados	Discutir o desempenho de novos empregados com seus chefes
Examinar os números sobre as vendas distritais	Fazer preleções aos vendedores nos distritos que produzem pouco
Preparar relatório classificando as reclamações de clientes	Discutir problemas potenciais com um cliente importante

DETALHES SEM IMPORTÂNCIA

É fácil para os administradores deixarem-se envolver por muitas tarefas que têm impacto muito reduzido nos resultados que estão buscando alcançar. Você conhece a situação: alguém tem de contratar a manutenção para as máquinas de fotocópia e ninguém sabe de quem é essa obrigação; pedem-lhe uma decisão sobre a disposição da sala de recepção; você tem de presidir uma reunião sobre o piquenique anual da companhia; um eletricista veio consertar alguma coisa e precisa de alguém para lhe explicar o problema.

As tarefas classificadas como detalhes sem importância são candidatas importantes à delegação. Primeiro, elas ocupam seu tempo – e, quase sempre, grande parte dele – sem produzirem resultados realmente importantes. Em segundo lugar, raramente exigem o conhecimento de um administrador. Um subordinado pode ocupar-se delas de maneira adequada. Em terceiro lugar, são com freqüência fáceis de serem identificadas. E, finalmente, dão ao delegado a oportunidade de exercer autoridade e tomar decisões numa atividade onde as conseqüências de um erro não são sérias.

Antes de delegar uma tarefa sem importância, porém, faça uma pergunta: esse trabalho precisa realmente ser feito? Se ele for pouco mais que uma perda de tempo, então não delegue: elimine-o.

Quanto às tarefas que realmente precisam ser feitas, não seja casual ou descuidado sobre a delegação. A organização do piquenique anual do pessoal da companhia pode não estar relacionada com os principais resultados que você está tentando obter, mas pode afetar o moral. Delegue a tarefa cuidadosamente, e acompanhe sua execução.

Evite a atitude: "Não vale a pena delegar". Essa atitude é semelhante àquela outra, expressa na famosa frase do diretor de Orçamento do presidente Jimmy Carter, Bert Lance, que disse: "Se não estiver quebrado, não conserte." Por vezes, delegar toma quase tanto tempo quanto fazer você mesmo a tarefa. Mas, quando você assume encargos triviais, adquire o hábito de se ocupar deles. Delegá-los aos subordinados ajuda-o a adquirir o hábito de delegar. Considere essas delegações de pouca importância como uma prática, tanto para você como para seus subordinados. Elas ensinam seu pessoal a ter iniciativa.

TAREFAS ESPECIALIZADAS

Você mesmo prepara sua declaração do imposto de renda? Provavelmente, não. A maioria das pessoas delega esse horror anual a especialistas. Embora o Departamento de Rendas Internas o considere totalmente responsável pelas informações prestadas em sua declaração, você transfere certa margem de autoridade e decisão para o contador que a prepara, a fim de que tome todas as medidas legais existentes para evitar o pagamento de um imposto superior ao exigido por lei.

A delegação de tarefas que exigem conhecimentos especiais é uma das formas mais fáceis e mais naturais de delegação. A não ser para quem tem o hábito inveterado de fazer tudo, poucas pessoas deixam de chamar o bombeiro quando o cano fura, ou de pedir ao consultor jurídico da empresa que se ocupe de um problema legal na área trabalhista.

Digamos que você recebeu a incumbência de instalar um novo sistema computadorizado de registro de estoques. Você é gerente de produção, mas está familiarizado com os aspectos básicos do processamento de dados. Chega, porém, o momento em que você tem de escolher entre vários tipos de programação para aplicações específicas. Você poderia pesquisar as opções e tomar a decisão sozinho. Ou poderia delegar a tarefa ao programador do computador que atende às necessidades de processamento de dados de seu departamento.

Esse é um caso claro de delegação. Deixe que o subordinado aplique à tarefa seu conhecimento especial. Informe-o dos critérios desejados por você. Exerça o controle fazendo com que ele converse com você antes de comprar o equipamento.

Alguns administradores são fazedores inveterados. Acham que todo trabalho que fazem amplia sua experiência e seu conhecimento. Mas você tem tempo limitado e substanciais deveres básicos. Passar pelos erros e frustrações que qualquer pessoa enfrenta ao fazer um trabalho novo não é a melhor maneira de aprender. Se você quiser adquirir experiência de contabilidade, freqüente um curso sobre o assunto, em lugar de passar longas horas tentando resolver um problema contábil que o contador de sua empresa poderia solucionar em 20 minutos.

A delegação de tarefas especializadas nem sempre envolve conhecimentos formais. Muitos de seus subordinados têm conhecimentos informais de que você se pode valer ao delegar. Por exemplo, talvez você tenha entre seus funcionários um bamba em matemática que possa checar os números de uma complicada lista de especificações. Talvez você tenha um assistente que já demonstrou habilidade de identificar rapidamente as novas tendências de sua indústria. Poderia então mandá-lo a uma convenção do seu ramo, em lugar de ir pessoalmente.

TAREFAS DESAGRADÁVEIS

As tarefas desagradáveis classificam-se sob outras categorias, como rotineiras, obrigatórias e sem importância. Mas a característica que sempre as marca é que você não gosta delas.

Qualquer coisa pode ser uma tarefa desagradável. Considere aquelas reuniões arrastadas que consomem tempo e produzem poucos resultados; os relatórios que você preparou muitas vezes antes; o escalonamento complexo; a pesquisa tediosa. Com muita repetição, todas essas tarefas podem tornar-se monótonas e temidas. E a melhor maneira de se livrar delas é delegar.

Por exemplo, o gerente do escritório de uma empresa gráfica preparou um esquema de trabalho do departamento para cada mês. Era uma tarefa tediosa e complicada. O gerente não gostava dela. Resolveu delegá-la a um subordinado. Embora fosse preciso muito tempo para preparar esse subordinado, a delegação liberou o gerente de uma tarefa desagradável sem prejudicar os resultados obtidos. Ele idealizou um sistema seguro de controle para fazer com que a programação se desenrolasse normalmente. Para o subordinado, a ampliação das responsabilidades significou uma visão melhor do funcionamento do departamento, um novo desafio, uma fuga à monotonia de suas ocupações.

Alguns administradores não têm coragem de delegar as tarefas desagradáveis. Ficam constrangidos em forçar os subordinados a realizarem trabalhos que eles não gostam de fazer. Mas é preciso não esquecer que o tempo é o fator crucial. Se você tivesse tempo ilimitado, poderia colaborar e ajudar a fazer o trabalho desagradável. Mas você não tem. Deve centralizar-se nas tarefas que exigem sua atenção, e delegar qualquer coisa que puder.

Dois outros fatores justificam a delegação de tarefas desagradáveis. Primeiro, como dissemos, o que é desagradável para você pode constituir uma recompensa para um subordinado. Veja as viagens, por exemplo. Aquilo que para você são viagens rotineiras pode representar, para os subordinados, oportunidades de ampliar suas perspectivas e romper o tédio de seus deveres normais. O preparo de relatórios pode ser aborrecido para você, mas fascinante para os subordinados. Qualquer delegação, devidamente realizada, mostra confiança e confere responsabilidade. Essas qualidades compensam, muitas vezes, o fato de a tarefa tomar tempo ou ser tediosa.

Em segundo lugar, pelo fato de as tarefas delegadas serem novas para seus subordinados, elas podem acarretar-lhes interesse e entusiasmo que lhes permitam realizá-las melhor que você. As delegações eliminam de suas funções tarefas rotineiras que podem levar você a adiá-las ou abordá-las com pouco entusiasmo.

PROJETOS DE ESTIMAÇÃO

Pode parecer paradoxal delegar os aspectos de seu trabalho de que você mais gosta. Não obstante, essas são freqüentemente as tarefas a que você se apega mesmo que não representem o melhor uso de seu tempo e energia. Podem relacionar-se com a sua especialidade ou com cargos ocupados anteriormente na companhia. Andrew C. Sigler, presidente e principal executivo da Champion International Corp., empresa de produtos florestais, caracteriza essa síndrome como a mentalidade do feudo. Apegar-se a tarefas ou deveres torna-se o meio que o administrador tem de proteger seu feudo. Alguns administradores não parecem capazes de abandonar seus projetos de estimação.

Por exemplo, o chefe das operações de computador de uma companhia química gostava de se envolver na complexidade da programação. Sendo ex-programador, ele imaginava, muitas vezes, soluções inovadoras para problemas de processamento de dados. Adquiriu o hábito de se ocupar de muitas tarefas difíceis de programação. O tempo que dedicava à sua solução desviava-lhe a atenção de funções realmente administrativas.

A solução: delegar. O gerente não tinha de escrever programas apenas porque gostava disso. Devia ter delegado toda a programação a seus subordinados e, para parafrasear o velho e inteligente Bill Shakespeare, prender à sua alma as tarefas reais da administração "com arcos de aço".

Isso não significa, naturalmente, que você tenha de delegar todos os aspectos agradáveis do seu trabalho. Muitas tarefas realmente administrativas são agradáveis. A observação feita aqui é de que você corre o risco de ficar com tarefas que podiam ser facilmente delegadas apenas porque são seus projetos de estimação.

TAREFAS QUE NÃO DEVEM SER DELEGADAS

O *slogan* "Delegue tudo" deve ser seguido de uma advertência: "exceto...".

Certas tarefas raramente devem ser delegadas. Muitos administradores erram por conservarem um número demasiado de tarefas. Outros, porém, erram na direção oposta. A delegação não funciona, ou é inadequada, em certas áreas. A delegação desses tipos de tarefas pode colocar você em maus lençóis.

As tarefas que geralmente não devem ser delegadas enquadram-se nas seguintes classificações:

- *Rituais*
- *Fixação de políticas*
- *Assuntos específicos de pessoal*
- *Crises*
- *Assuntos confidenciais*

RITUAIS

Algumas funções dependem mais de sua posição que de suas habilidades. Embora qualquer pessoa possa desempenhá-las, só você pode fazer isso com eficiência, devido à posição que ocupa. Elas estão relacionadas com sua posição, seu prestígio e seu título.

Por exemplo, recentemente um engenheiro de pesquisa que trabalhava num laboratório de pesquisa e desenvolvimento numa cidade distante da sede da empresa estava se aposentando, depois de 30 anos no cargo. A viagem para comparecer ao seu jantar de despedida consumiria meio dia do presidente da companhia. Ele pensou em mandar um subordinado, seu vice-presidente administrativo. Refletindo melhor, compreendeu que o prêmio que devia entregar ao engenheiro teria menos significação se fosse dado por qualquer outra pessoa que não o presidente. Não só o engenheiro que se aposentava, mas também seus colegas, se sentiria diminuído. À luz das muitas contribuições feitas pelo engenheiro à companhia, durante vários anos, o presidente achou que ele merecia essa honra. Era uma tarefa que ele não devia delegar, e não delegou.

Outra companhia pediu uma autorização especial às autoridades municipais para ampliar suas instalações. A câmara municipal programou uma audiência pública. O vice-presidente da divisão poderia ter delegado ao advogado da companhia a tarefa de apresentar a posição da firma nessa audiência. Apesar disso, compareceu pessoalmente para mostrar o interesse da empresa no assunto, e para prestigiar o evento.

FIXAÇÃO DE POLÍTICAS

As políticas adotadas pela companhia fixam os limites das tomadas de decisão. Os administradores podem delegar tarefas a serem realizadas dentro das políticas estabelecidas. Não devem, porém, delegar responsabilidades que exijam decisões que determinam políticas, em lugar de serem por estas determinadas.

O caso de um gerente de pessoal de uma companhia de computadores ilustra esse princípio. Vários assistentes ajudavam-no a selecionar os candidatos a empregos. Toda seleção preliminar era delegada a eles, embora o gerente continuasse a ser o responsável final por qualquer contratação. Como medida de controle, ele fixou normas rigorosas quanto aos critérios para a rejeição de um candidato. Foi uma delegação bem-feita.

Se, porém, esse gerente tivesse dito aos assistentes para estabelecerem seus próprios critérios de aceitação ou rejeição de um candidato, teria delegado de maneira inadequada. Seus assistentes estariam então fixando políticas, e não seguindo-as. Se algum deles tivesse tomado decisões baseadas em discriminação racial ou sexual, o gerente e, em última análise, a companhia teriam sido responsáveis.

As políticas não precisam ser formais. Por exemplo, as companhias podem não ter políticas creditícias específicas. As decisões sobre a concessão ou não de crédito a clientes potenciais podem ficar a critério de seus gerentes de crédito.

Como estes não podem examinar todos os pedidos, muitos deles delegam a vendedores a autoridade de conceder crédito dentro de limites específicos. Fora desses limites, os casos são submetidos aos gerentes de crédito. As decisões destes baseiam-se nas condições financeiras do cliente potenciais e no ambiente predominante no mercado.

Com efeito, as decisões dos gerentes de crédito fixam as políticas de crédito de suas companhias em determinado momento. Por essa razão, os gerentes não podem delegar aos seus vendedores uma autoridade ilimitada para tomar decisões de crédito. Nesse caso, cada vendedor estaria criando suas próprias políticas de crédito. Essas decisões podem não estar, muitas vezes, de acordo com os interesses das suas companhias.

ASSUNTOS ESPECÍFICOS DE PESSOAL

Grande parte da responsabilidade de um administrador envolve o trabalho com pessoas. Todo contato que você tem com um subordinado envolve um elemento humano, um cruzamento de emoções e percepções. Como esses contatos apresentam nuances sutis, você raramente deve delegar as questões específicas relacionadas com pessoal. Uns poucos exemplos bastam para ilustrar esse princípio.

Avaliação. O gerente do departamento de expedição de uma companhia de roupas tem de recomendar um de seus funcionários para um programa de treinamento sobre a aplicação de microcomputadores. Três pessoas lhe parecem qualificadas para isso. Precisa escolher uma delas.

Um despachante, que também faz parte da equipe desse gerente, trabalhou com os três funcionários. O gerente pode lucrar se pedir sua opinião sobre eles, mas não delegar ao despachante a escolha. O gerente não pode ter certeza de que o despachante será imparcial e objetivo. A escolha é sua, e não pode ser delegada.

Disciplina. Demitir ou censurar um subordinado por uma falha ou um erro é, com freqüência, uma tarefa desagradável. O administrador pode ser tentado a delegá-la a alguma outra pessoa. Isso, porém, será sempre um uso indevido da delegação. As questões disciplinares, particularmente se relacionadas com demissão, são deveres do administrador, pura e simplesmente. O administrador tem uma responsabilidade ao mesmo tempo prática e moral de tratar desses assuntos diretamente.

O aspecto prático da responsabilidade do gerente de tratar pessoalmente, e não delegar, a demissão de um empregado foi ressaltado pelo crescente número de processos baseados em alegações de demissões sem justa causa. Um exemplo chocante dos custos desses processos ocorreu há alguns anos, no Pine River State Bank, em Minnesota. Uma fiscalização de surpresa revelou documentação incompleta em 58 empréstimos.

Cinqüenta e sete deles haviam sido concedidos por um empregado. Esse empregado foi sumariamente despedido.

Ele então processou o banco por quebra de contrato, citando o manual de pessoal que incluía uma cláusula segundo a qual, se um empregado violasse a política da companhia, teria de ser submetido a certas medidas disciplinares progressivas – como advertência oral, advertência por escrito com suspensão, etc. – antes de ser demitido. O empregado ganhou 27 mil dólares e a decisão foi confirmada pelo Tribunal Superior do Estado de Minnesota. A delegação das atividades disciplinares pode, na verdade, ser um erro oneroso.

Elogio. Referindo-se a um subordinado direto, um gerente diz ao seu assistente: "Diga a Mary que ela está fazendo um bom trabalho. Eu agradeço seus esforços para a realização deste projeto." O assistente transmite a mensagem, mas Mary não fica impressionada. O elogio de segunda mão tem menos força do que as expressões diretas de apreciação ou gratidão. Na verdade, Mary pode até mesmo ressentir-se do fato de que, apesar do esforço extra que está fazendo naquele projeto, seu chefe nem sequer se deu ao trabalho de lhe dizer pessoalmente uma palavra amável.

Solução de disputas. Você é um supervisor e dois de seus encarregados estão brigando devido à prioridade no uso de uma máquina. Você não pode transferir a solução da questão a um assistente ou a outro encarregado e esperar bons resultados. Como supervisor direto das duas pessoas que se desentendem, você mesmo tem de se ocupar do problema. A complexidade e a volatilidade das relações interpessoais torna essa área ingrata à delegação.

Delegação em si. Não delegue a delegação. Isto é, quando você transferir a um subordinado uma tarefa que envolva autoridade e tomada de decisão, transmita diretamente a essa pessoa os dados relacionados com a tarefa. Não recorra a um terceiro.

Por exemplo, o gerente de uma sucursal de uma companhia de seguros pediu a um estagiário de administração que avaliasse os possíveis fornecedores de serviços de conservação das máquinas do escritório. O subordinado apresentou um relatório examinando as propostas de cinco empresas diferentes que prestavam tal serviço. O gerente gostou do relatório e resolveu delegar ao estagiário a tarefa de escolher uma delas e negociar um acordo.

Muito bem. Mas o gerente teve, inesperadamente, de viajar para uma importante reunião na sede da companhia, ficando fora do escritório durante três dias. Autorizou seu assistente a dar luz verde para que o subordinado escolhesse uma empresa de manutenção de máquinas. Mas disse que o estagiário devia consultá-lo, e não ao assistente, se o custo ultrapassasse a estimativa orçamentária. O assistente deu o recado, mas não foi claro sobre as condições exatas da delegação. O estagiário agiu de boa fé, mas enfrentou problemas porque, depois de negociar um contrato, verificou ter excedido os limites impostos pelo orçamento.

Embora tivesse agido de modo correto ao delegar a tarefa, o gerente deveria ter chamado o estagiário e feito a delegação diretamente, e não através de uma terceira pessoa. A delegação, sendo uma tarefa interpessoal, exige a atenção direta do administrador.

ENFRENTAR CRISES

Um bom administrador evita crises graças a um planejamento adequado. As emergências, porém, surgem inevitavelmente, de tempos em tempos. Na maioria dos casos, você deve enfrentar as crises pessoalmente, em lugar de delegá-las a subordinados.

Como a crise, por definição, envolve elementos singulares, não é possível impor controles perfeitamente exeqüíveis ao delegado. Não é possível estabelecer normas para todas as circunstâncias imprevisíveis que exigem decisões.

Por exemplo, o diretor de projetos de uma firma de engenheiros consultores ficou sabendo, de repente, que uma companhia cliente precisava da recomendação da firma, antes de participar de uma concorrência para um grande projeto de construção. Mas o banco de dados que os engenheiros consultores usavam para a informação sobre esse projeto não estava funcionando devido a problemas com o computador. Alguém tinha de resolver a situação – tinha de tratar com o cliente, avaliar as alternativas e fazer as escolhas.

O diretor não podia delegar o tratamento desse tipo de crise nem mesmo a um subordinado muito capaz. Eram muito grandes as incertezas. Na realidade, o problema foi solucionado com uma decisão que só o próprio diretor de projetos poderia tomar. Ele excedeu a previsão orçamentária e consultou outro banco de dados. Parece tão simples quanto preencher um formulário de pedido de empréstimo. Mas milhares de dólares estavam em jogo para a firma de engenharia, e milhões para a firma cliente. Nenhum delegado poderia ter tratado dessa situação de crise.

ASSUNTOS CONFIDENCIAIS

A manutenção do segredo das informações confidenciais é responsabilidade vital de um administrador. Evidentemente, qualquer delegação que exige a revelação de informações confidenciais é inadequada. Muitos tipos de dados relativos ao pessoal, certas informações sobre clientes, os salários específicos de certas pessoas, segredos comerciais, dados sobre segurança e assuntos semelhantes enquadram-se, com freqüência, na categoria de confidenciais.

Por exemplo, a direção pediu ao gerente de pessoal que preparasse um relatório classificando as medidas disciplinares tomadas na divisão. Os dados poderiam ter sido tirados facilmente dos registros dos empregados. O gerente pensou em delegar a tarefa a um funcionário, mas decidiu não fazê-lo. A política da companhia era considerar todas as informações disciplinares como confidenciais, exceto em determinadas circunstâncias. Embora o gerente confiasse no funcionário, achou – com acerto – que era inadequado delegar uma tarefa que daria a esse funcionário livre acesso a informações disciplinares.

ENCONTRANDO OPORTUNIDADES DE DELEGAR

A Ilustração nº 2 mostra-lhe um meio conveniente de avaliar as tarefas que executa e descobrir oportunidades de delegar.

Relacione na primeira coluna cada tarefa distinta que você realiza. Você pode desejar relacionar também algumas funções, ao que sabe, dentro em pouco serão de sua responsabilidade. Não deixe de fora as tarefas menores, ou mais rápidas, que em conjunto tomam grande parte de seu tempo. Mantenha os olhos abertos para trabalhos que são simples perda de tempo. Examine a possibilidade de eliminá-los totalmente de sua rotina. A Ilustração nº 2 foi parcialmente preenchida para lhe mostrar como deve usar o formulário.

Na segunda coluna, identifique quaisquer aspectos da tarefa que indicam se seria bom ou não transferi-la a um subordinado. Como dissemos antes, os fatores que indicam a delegação são: tarefas rotineiras, obrigatórias, sem importância, especializadas, desagradáveis e projetos de estimação. Os fatores que indicam a inconveniência da delegação incluem: ritual, fixação de política, assuntos de pessoal, crises e assuntos confidenciais.

Em seguida, na coluna três, relacione para cada tarefa todos os seus subordinados que poderiam executá-la. O capítulo seguinte mostra como escolher o melhor desses candidatos.

Anote na quarta coluna quaisquer autorizações, instruções ou treinamentos que seriam necessários para que o delegado pudesse desempenhar a tarefa de maneira satisfatória.

A coluna cinco da Ilustração nº 2 oferece-lhe espaço para calcular a eficiência com que a pessoa desempenharia a tarefa. Você também pode relacionar quaisquer problemas significativos que venham a surgir: seria necessário um tempo demasiado grande para essa pessoa? Os resultados seriam aceitáveis, embora não fossem perfeitos?

A última coluna dá uma nota à delegação, dentro da lista seguinte. Concentre sua delegação naqueles que tiverem notas *C* e *D*.

Ilustração 2 *Formulário para Avaliar as Oportunidades de Delegar*

Tarefa	*Razão para delegar ou não delegar*	*Quem poderia fazer*	*Preparativos necessários*	*Qualidade dos resultados*	*Nota da delegação*
Rever e resumir relatórios de produção	Rotineira, obrigatória	Steve, Gail	Explicação; autorização para colher dados	Satisfatória	C
Avaliação trimestral de desempenhos	Pessoal	–	–	–	A
Conferir o inventário	Rotineira, desagradável	George	Explicação, exercício supervisionado	Adequada	C

A – Devo fazer eu mesmo, não posso delegar.
B – Devo fazer eu mesmo, poderia delegar se necessário.
C – Poderia fazer eu mesmo, devo delegar se possível.
D – Devo delegar (por exemplo, não tenho o conhecimento necessário para fazer isso).

Ao preencher o formulário "Avalie suas oportunidades de Delegar", você terá alguma coisa para começar na escolha daquilo que deve delegar. Mas não se contente em preencher esse formulário apenas uma vez. Faça disso um hábito regular. Afinal de contas, com o passar do tempo suas responsabilidades se modificam: outras pessoas estarão subordinadas a você; a capacidade e os conhecimentos dessas pessoas mudarão – para melhor, espera-se, mas de qualquer forma mudarão.

Você verá que a Ilustração nº 2 é um instrumento de trabalho que pode ser usado durante toda a sua carreira. Seus subordinados que também delegam poderão igualmente usá-lo com proveito, da mesma forma que outros administradores. Divulgue o formulário. O conhecimento partilhado sempre oferece recompensas.

4

A QUEM DELEGAR

Ralph Morris, o gerente de processamento de dados de uma companhia farmacêutica, estava sentado certa tarde, em seu escritório, pensando em delegar uma tarefa. Havia escolhido uma que parecia bem adequada para ser transferida a um de seus subordinados. Agora, lutava com o problema de saber a quem deveria atribuí-la.

É desse problema, o de escolher o delegado adequado, que vamos falar neste capítulo. Você ficará sabendo da importância de avaliar a capacidade de seus subordinados; de escolher as suas próprias metas de delegação; de examinar as carteiras de trabalho, as habilitações e a experiência; de conhecer a política interna de sua companhia, e de saber o peso que deve dar aos resultados diretos que deseja obter.

A tarefa que Ralph tinha em mente era a realização de uma pesquisa sobre o uso de computadores de mesa por toda a companhia. Seu departamento fez recomendações aos gerentes de outras áreas da empresa sobre as solicitações pessoais a respeito da compra de computadores, coordenou a aquisição do *hardware* e ajudou nos problemas que surgiram. Mas, para acompanhar o uso prático das máquinas e determinar que efeitos elas poderiam ter nos sistemas gerais de processamento de dados, Ralph tinha de visitar regularmente os locais de trabalho onde um microcomputador estivesse sendo usado. Durante essas visitas, também procurava identificar tarefas que poderiam ser computadorizadas, a fim de tornar o programa mais eficiente em termos de custos.

Ao mesmo tempo rotineira e obrigatória, essa tarefa enquadra-se perfeitamente nos critérios mencionados no capítulo anterior e aplicáveis à delegação. Ralph achava que a realização do levantamento proporcionaria ao subordinado uma visão mais ampla das operações da firma, e ajudaria essa pessoa a "ver além dos dispositivos dos discos". Como esse levantamento desempenharia um papel importante na adoção da estratégia da companhia quanto ao processamento de dados, Ralph desejava estar certo de escolher a melhor pessoa para a tarefa.

CONHEÇA SEU PESSOAL

Ralph Morris já tinha uma grande vantagem inicial para a seleção da pessoa adequada: conhecia perfeitamente os funcionários que trabalhavam com ele. Sabia que delegar é um processo pessoal.

Não se pode delegar com eficiência escolhendo arbitrariamente o delegado. E não se pode delegar com eficiência tendo um conhecimento apenas superficial dos subordinados. É como tentar disputar uma partida de golfe em terreno pouco conhecido – acabamos caindo em valas ocultas.

Quem é a pessoa certa? Que conhecimentos e experiência essa pessoa tem? Qual a extensão de seus conhecimentos? E que dizer de suas qualidades pessoais, como inclinação para o trabalho em equipe, capacidade de ouvir, impressão causada nos colegas? Quais os seus interesses e atitudes? Essas são algumas das perguntas que você deve fazer a si mesmo.

Alguns administradores descontam esse tipo de "impressão" causado pelas pessoas que trabalham para eles. Outros não se interessam. Outros ainda não acham que seja direito ter demasiada intimidade com um subordinado. E outros têm medo de lhes invadir a privacidade.

Mas a delegação só obtém os melhores resultados quando você atribuir a tarefa certa à pessoa certa. Sem isso, você enfrentará repetidas frustrações e fracassos. E escolher a pessoa certa significa conhecer mais sobre ela do que onde fica sua mesa.

Conhecer as pessoas que trabalham com você não significa ter de ir com elas ao bar da esquina ou participar das conversas da hora do almoço. Significa, isso sim, que você tem de ser observador e se interessar pela maneira como as pessoas realizam suas tarefas, ouvir suas sugestões, idéias e queixas. E significa que você tem de procurar, de tempos em tempos, adquirir um conhecimento dessa pessoa como pessoa, e não apenas como funcionário. Isso inclui, por vezes, conhecer seus problemas familiares, ouvir as vitórias e derrotas de suas vidas, fora do local de trabalho, e dar-lhes tempo de falar de suas aspirações pessoais, em suas vidas privadas e em seu trabalho.

QUAL A SUA META?

A delegação tem três metas gerais. Ao escolher o delegado adequado, você tem de pesar essas metas para decidir quais as mais importantes para a tarefa em causa. Dessa maneira, você enfrenta uma decisão semelhante à de um candidato a presidente que procura um companheiro de chapa. A pessoa escolhida deve ser competente, sim. Mas o candidato tem de considerar também fatores diversos, como o equilíbrio da chapa e a superação de rivalidades partidárias. Essas três metas gerais são:

1. *RESULTADOS DIRETOS*

Quando você delega a um subordinado a compilação de um relatório sobre estoques, por exemplo, o que lhe interessa principalmente é uma relação de números. Na maioria dos casos de delegação, o resultado direto é a meta mais importante. Mas você deve lembrar-se também de duas outras metas importantes da delegação.

2. *DESENVOLVIMENTO*

Quando você delega a tarefa de inspecionar as instalações da companhia e fazer um relatório de acordo com as regras de trabalho, seu interesse primordial pode não estar no relatório em si, mas no fato de que a inspeção amplia a visão que o delegado tem das operações da firma, contribuindo com isso para o seu desenvolvimento e melhoria. O desenvolvimento sempre representa uma meta importante da delegação e complica a seleção do delegado. Você quer a pessoa certa, não necessariamente a mais competente. Você vai encontrar mais sobre esse aspecto da delegação adiante, neste mesmo capítulo.

3. *AVALIAÇÃO*

Você deve perceber claramente que seus subordinados terão, mais cedo ou mais tarde, de ser testados sob o fogo. Em algumas delegações, seu principal objetivo será ver como a pessoa se sai em determinada situação. Ainda assim, você não delega com a expectativa de fracasso. Se o fizesse, sua delegação acabaria refletindo-se desfavoravelmente sobre você mesmo. E seria tão útil para a realização de seus objetivos como teria sido o capitão do *Titanic* dizer ao enviado de bordo que arrumasse as cadeiras do convés.

A ATUAL CARGA DE TRABALHO

O primeiro nome que ocorreu a Ralph Morris para fazer o levantamento dos computadores pessoais foi Stan Bingham. Era seu elemento de ligação com o escritório do diretor-tesoureiro. Um jovem administrador capaz – brilhante, enérgico e bom comunicador –, Stan tinha as qualificações para a tarefa. Ralph já lhe havia delegado outras tarefas antes e ele as havia realizado com êxito. Além disso, Ralph sabia que ele era muito motivado e cuidadoso com os detalhes.

O problema, porém, era que, além de suas obrigações cotidianas, Stan estava empenhado em preparar um programa integrado de contabilidade para computador. Ralph sabia que Stan aceitaria uma nova atribuição, e tentaria desincumbir-se bem. Mas não lhe parecia que devia aumentar ainda mais a carga de trabalho de seu subordinado. O trabalho dele na programação realmente lhe merecia a atenção total. Quando o terminasse, estaria pronto para novas atribuições, mas aquele não era o momento.

A possibilidade que tem o subordinado de enfrentar uma nova tarefa sem interferência em suas obrigações atuais deve sempre ser examinada quando você escolher um delegado. Não só é injusto aumentar o trabalho de um subordinado já sobrecarregado, como isso também leva a um mau desempenho, seja nas funções que ele já tem, seja na tarefa delegada, ou em ambas.

Mas pondere cuidadosamente essa questão. Uma tarefa delegada não precisa influir no desempenho das responsabilidades originais do delegado. O inverso pode ocorrer. Freqüentemente, o acréscimo de novas tarefas na realidade aumenta a produtividade dos subordinados em suas funções principais. Eles sentem que suas tarefas foram enriquecidas, que sua capacidade foi reconhecida, e até mesmo que podem estar ingressando num caminho de sucesso rápido. Por exemplo, um supervisor de produção com funções de controle de qualidade pode não só realizar um bom trabalho preenchendo relatórios de qualidade – a delegação pode melhorar seu moral e levá-lo a trabalhar com mais eficiência em suas tarefas regulares.

HABILITAÇÕES NECESSÁRIAS

O nome de June Baker vinha a seguir, na cabeça de Ralph, como delegada potencial. Ela precisava adquirir certa experiência fora de suas atuais funções como principal programadora. Era meticulosa nos detalhes e estava ansiosa por aprender. Suas atuais responsabilidades não lhe faziam maiores exigências de tempo. Ela poderia encaixar facilmente o levantamento em seu esquema de trabalho.

Mas Ralph decidiu não lhe dar a atribuição. Embora June conhecesse programação muito bem, sabia muito pouco sobre microcomputadores. A tarefa exigia que a pessoa pudesse falar com conhecimento de causa sobre as aplicações atuais do aparelho e que fosse capaz de identificar novas aplicações potenciais. Essa pessoa necessitaria de pelo menos certa familiaridade com microcomputadores. Ralph decidiu encontrar uma tarefa mais adequada para que Jane se iniciasse nessa área, ou estimulá-la a fazer um curso sobre isso.

Ao escolher o delegado, faça a si mesmo a pergunta: Essa tarefa exige algum conhecimento especial ou alguma habilitação específica? Se assim for, tais habilitações devem ser o critério principal da escolha. Naturalmente, a pessoa indicada vai adquirir novos conhecimentos no processo de realizar a tarefa. Mas delegá-la a uma pessoa sem os conhecimentos básicos necessários à sua realização é como mandar um boxeador principiante ao ringue para enfrentar um profissional – ele pode aprender alguma coisa, mas pode também ser nocauteado antes que tenha oportunidade para isso.

EXPERIÊNCIA INDEPENDENTE

Outro subordinado em que Ralph pensou para fazer a tarefa foi seu assistente de operações, Tony Gallo. Tony havia feito algum trabalho com microcomputadores quando a companhia os instalou. Bom trabalhador, ele poderia incluir, com facilidade, a nova tarefa em sua rotina. Mas Ralph hesitou em lhe dar o sinal verde.

O levantamento consumia, em geral, a melhor parte de uma semana em sua realização, e mais uns dois dias de análise. Embora satisfeito com as habilitações específicas de Tony, Ralph sabia que ele havia trabalhado sempre sob supervisão direta no principal centro de computadores. Não achava que deveria, assim de repente, mandar Tony realizar, sozinho, um trabalho que exigiria um período de tempo mais extenso. Mais tarde, talvez, ele pudesse estar preparado. Mas não agora. Ralph queria dar a Tony tarefas mais limitadas, que lhe permitissem exercer gradualmente sua iniciativa e autodireção. Tinha medo de que, tendo em vista a atual experiência de Tony, suas possibilidades de fracassar fossem muito grandes.

A experiência difere do talento ou do conhecimento. As pessoas recém-formadas podem ter talentos analíticos e conhecimento teórico. Mas precisam de experiência para aprenderem a motivar os outros ou para exercerem a autoridade de maneira eficiente, antes que possam ser incumbidas de tarefas como administrar uma operação.

Tenha cuidado em não procurar submeter seus subordinados a um processo intensivo de aquisição de experiência. Só se aprende a nadar pela prática gradativa, aperfeiçoando as braçadas. Lançar alguém no extremo mais fundo da piscina é, certamente, a melhor maneira de lhe provocar o medo da água.

QUALIDADES PESSOAIS

"Eu poderia dar a tarefa a Barry Ellis", pensou Ralph, lembrando-se de seu principal analista de sistemas. "Ele conhece os computadores pessoais. Está no departamento há anos, e certamente tem bastante experiência. Tem tempo. Mas. . ."

Não foi preciso muita reflexão para Ralph perceber que não desejava mandar Barry fazer o levantamento. O homem era competente, sim. Fazia satisfatoriamente seu trabalho. Mas estava a apenas três anos da aposentadoria. Além disso, nunca havia demonstrado a energia, o entusiasmo e a motivação que alguns outros funcionários do departamento tinham. Para ele, o levantamento não seria uma oportunidade de demonstrar sua capacidade. Seria apenas mais uma tarefa a concluir. Ele a realizaria, era claro, com toda a seriedade de uma criança que desliga a televisão quando lhe dizem que está na hora de dormir. Não levaria para essa incumbência o entusiasmo e a energia que ela pedia.

Além disso, Barry tinha outras qualidades pessoais que o tornavam pouco indicado. Tinha pouca paciência para com as opiniões dos outros. E, pior ainda, demonstrava isso. Além do mais, preferia falar a ouvir. O levantamento exigia um tipo de pessoa diferente, aberta aos pensamentos e às idéias dos outros, e desejando prestar-lhes uma atenção sincera.

De todas as qualidades pessoais a serem examinadas quando se escolhe um delegado, sua atitude é a mais importante. A pessoa está querendo progredir em termos de posição e poder? Ou você tem dificuldade em lhe provocar o interesse por qualquer coisa, exceto seu cheque de pagamento? Essa pessoa aborda uma nova tarefa com o desejo de aprender? Ou faz todo o trabalho como se fosse um peso? Todas as outras qualificações pouco significam se a pessoa tem uma atitude errada. Como um barco a vela preparado para ser veloz, mas com o fundo cheio de mariscos, essas pessoas não farão muito progresso, por mais que movimentem as velas.

A capacidade de trabalhar com outros é, muitas vezes, uma qualificação pessoal importante para o sucesso em uma tarefa, dever ou função delegados. Alguns de seus funcionários têm carisma, uma mágica pessoal de liderança que provoca entusiasmo pessoal, nada tendo a ver com os cargos que ocupam. Outros parecem incapazes de conseguir a cooperação dos colegas, por mais que lhes acenem com vantagens. Há os que se comunicam com eloqüência, e há outros com idéias igualmente sólidas que têm problemas em expô-las. Alguns deixam à vontade as pessoas com que trabalham; outros as deixam tensas. Todas essas características terão um impacto significativo no resultado de qualquer tarefa delegada por você e que exija um trabalho com outros.

Muitas outras qualidades determinarão a escolha. A pessoa é cuidadosa? Observadora? Capaz de longas horas de trabalho minucioso? Capaz de enfrentar a frustração? Madura? Ponderada? Impulsiva? Decidida? Dependente? Fica nervosa com facilidade?

As qualidades negativas são tão importantes, nesse exame, quanto as positivas. Suponhamos, por exemplo, que sua companhia queira adotar um novo programa de controle de qualidade. Você precisa de alguém para chefiar pequenos grupos de funcionários em discussões sobre a importância da qualidade do produto. Delegue essa tarefa a uma pessoa que procure impor-se aos trabalhadores, e não conseguir sua cooperação, e a probabilidade é que ela obtenha o mesmo êxito que o proverbial vendedor que queria vender geladeiras aos esquimós.

Aqueles que abusam do poder – os que gostam de exercer a autoridade por si mesma, não como instrumento para conseguir resultados – são maus candidatos às tarefas delegadas. Não só falham como também criam má vontade entre os outros empregados.

Muitas outras qualidades pessoais deviam fazer você pensar duas vezes antes de delegar a um subordinado uma tarefa importante. Cuidado com as pessoas preguiçosas, que gostam de discutir, que não têm espírito de cooperação ou que são vingativas. Talvez tenham pavio curto ou geralmente não se dêem bem com os outros. Embora as qualidades negativas possam não prejudicar todas as espécies de delegação, devem alertá-lo para que proceda com cuidado na seleção.

Uma vez mais, os resultados que você espera obter com a delegação desempenham importante papel em sua decisão. Você está interessado apenas em resultados diretos? Então, não delegará a tarefa de rever longos e complexos relatórios estatísticos a um subordinado com reduzida capacidade de atenção. Mas se você visa o desenvolvimento, então poderá delegar a tarefa de conduzir um grupo de visitantes pela fábrica a um subordinado que precisa de experiência na comunicação com pessoas de fora. Ou pode desejar que um subordinado que lhe parece facilmente irritável trate de um problema particularmente irritante na área da produção a fim de poder avaliar-lhe o desempenho sob pressão.

POLÍTICA INTERNA DA EMPRESA

Por um momento, Ralph julgou ter encontrado a pessoa ideal para fazer o levantamento. Don Foley, o supervisor de entrada de dados, tinha todas as qualificações adequadas. Possuía amplos conhecimentos sobre computadores. Conhecia os computadores pessoais. Sabia como ouvir. Era agradável. Estava ansioso por um trabalho mais desafiador. E várias vezes se mostrara capaz de exercer autonomia.

Mas Ralph pensou depois nos aspectos políticos da situação. A delegação não se faria num vazio. Todos no departamento saberiam dela. E Don estava trabalhando há apenas três semanas. Seus colegas não se haviam ressentido com a sua contratação. Sabiam que ninguém na companhia tinha condições de ocupar seu cargo. E Don se dava bem com eles, desde que começara a trabalhar.

Mas Ralph sabia que a realização do levantamento sobre computadores pessoais era uma missão invejada. A pessoa selecionada teria possibilidade de vir a ser indicada para um importante cargo de direção no processamento de dados da companhia. Dar a tarefa a um empregado novo não seria uma decisão bem-recebida pelos funcionários antigos. Não só estes se ressentiriam, como também a indicação de Don Foley poderia ter resultados negativos tanto para Don como para Ralph. Uma coisa de que a pessoa escolhida precisaria era cooperação.

Dentro de poucos meses, depois de Don ter sido aceito como "parte da turma", a situação seria diferente. No momento, porém, Ralph achou que politicamente ele não seria a pessoa certa para receber a delegação.

Nunca se pode esquecer a política interna da companhia quando se faz uma delegação. Os fatores sociais desempenham importante papel no funcionamento de qualquer organização. Se você der sempre a Roy as melhores incumbências e a Mary as desagradáveis, não só Mary ficará ressentida com você como também os outros subordinados lhe farão críticas – até mesmo Roy, talvez.

Você pode sentir-se tentado, por vezes, a delegar tarefas repetidamente a uma pessoa em particular, sobretudo quando se trata de um subordinado muito competente. Mas você verá que é melhor resistir a essa tentação e procurar distribuir eqüitativamente as delegações. A criação de um trabalho de equipe é parte importante da tarefa de um administrador. A delegação impensada ou tendenciosa pode solapar o espírito de equipe de uma forma difícil de reparar.

A ESCOLHA ACERTADA

Embora Ralph examinasse e eliminasse vários subordinados antes da escolha final, ele sempre tinha de reserva uma pessoa que poderia escolher. Marsha Reed, sua coordenadora de operações, tinha muito trabalho, mas ainda assim poderia encaixar o levantamento periódico em sua rotina. Ela havia usado ocasionalmente microcomputadores e se interessava muito por eles e por suas aplicações. Já havia recebido várias tarefas e mostrara sua capacidade de trabalhar sozinha, dentro dos prazos, e superar dificuldades inesperadas.

Além disso, Marsha queria aprender coisas novas e ampliar sua participação no processamento de dados da companhia. Era observadora e se dava bem com os outros. Sua principal desvantagem era a dificuldade de expressar suas idéias por escrito. Ralph achava que essa tarefa lhe daria boa experiência, pois ela precisaria resumir suas constatações num relatório escrito. Em conseqüência, Ralph a escolheu, e com acerto.

É importante, ao selecionar o candidato certo, organizar objetivamente suas opiniões sobre cada um dos possíveis candidatos. A Ilustração nº 3 é um instrumento para transformar vagas noções sobre a tarefa e o candidato em idéias específicas. Sua utilização ajudará você a pesar os prós e contras de cada candidato, e a combinar a pessoa certa com a tarefa certa.

A ilustração dá um exemplo de como esse recurso poderia ter sido usado por Ralph Morris. Prepare seu formulário para ser usado quando tiver de tomar decisões sobre delegação. Outras pessoas que também delegam, em sua companhia, terão igualmente nesse formulário um guia de grande utilidade e uma ajuda valiosa para tomarem suas decisões.

DELEGAÇÕES ESPECIAIS

Algumas tarefas especiais levarão você a selecionar um perito ou um assistente pessoal como delegado. Essas delegações exigem uma abordagem um pouco diferente.

DELEGAÇÃO A UM ASSISTENTE

Quando você delega uma tarefa a uma secretária pessoal, um assistente administrativo ou a qualquer outra pessoa que trabalhe com você diretamente, deve prestar atenção aos seguintes pontos:

- *Não delegue sem pensar*. Use o mesmo cuidado e a mesma abordagem visando resultados que usaria com qualquer outro subordinado.
- *Deixe claro que você está transferindo autoridade para tomar decisões*. Sem isso, o assistente pode achar necessário pedir sua autorização, como parte da rotina de trabalho.
- *Delegue para desenvolver*. Seu assistente pessoal merece as mesmas oportunidades de desenvolver seus conhecimentos e experiências que qualquer outro de seus subordinados. E você lucrará, na medida em que ele se tornar cada vez mais competente.
- *Não se esqueça de lhe dar crédito*. Se o assistente desempenhou um papel importante numa tarefa, faça com que ele, ou ela, receba o devido crédito. Se não o fizer, estará colocando em risco o êxito das futuras delegações.

DELEGAÇÃO A UM PERITO

Isso inclui a delegação a um advogado, contador, programador de computador ou mesmo consultor administrativo. Lembre-se do seguinte:

- *Verifique as qualificações*. Não suponha que todo advogado conheça a Lei Antitruste, ou que todo contador seja especialista em impostos. Avalie o especialista, como faria com qualquer outro delegado, de acordo com seus conhecimentos, experiência e qualidades pessoais.
- *Conserve a responsabilidade*. Como você é o responsável final pela tarefa delegada, tenha a certeza de acompanhar o trabalho do especialista.

Ilustração 3. *Formulário de Avaliação de Delegado*

Tarefa: Realizar levantamento trimestral do uso atual e potencial de microcomputadores em toda a companhia e preparar um relatório sobre os resultados, com recomendações.

Objetivo principal: Resultados diretos

Tempo necessário: Aproximadamente uma semana e meia — Prazo: 23/4

Qualificações	*Carga de trabalho*	*Conhecimentos*	*Experiência*	*Dados pessoais*	*Outros*
Necessárias	Pode dedicar uma semana e meia a cada trimestre	Conhece micros e elementos básicos de proc. de dados	Trabalhou com prazos e autonomia	Bom ouvinte; observador	
Preferenciais	–	Algum conhecimento de operações não-computadorizadas	Interpessoal; trabalha fora do proc. de dados	Comunicador; lógico	
Candidatos					
Stan	Não, muito ocupado	Bons	OK	OK	
June	OK	Precisa de melhor conhecimento de micro	OK	Bons	
Tony	OK	OK	Não; precisa de amadurecimento	Bons	
Barry	OK	Bons	Boa	Não, demasiado brusco; falta entusiasmo	
Don	OK	Bons	Sim; com empregador anterior	OK	Precisa de oportunidade para se ajustar; novo demais
Marsha	OK	Bons	OK	OK, mas precisa cuidado ao escrever o relatório	

Tente adquirir conhecimentos básicos suficientes sobre a área de especialização para ter uma idéia da competência da pessoa na execução do trabalho. Consulte uma segunda opinião quando se tratar de assuntos muito importantes.

- *Fixe critérios*. Lembre-se de que você tem de desempenhar um papel importante na fixação dos objetivos da tarefa. Um advogado pode aconselhá-lo quanto aos pontos a serem incluídos num documento jurídico, mas você terá de lhe transmitir o objetivo final desse documento. Da mesma forma, você terá de ser claro ao explicar a um programador qual o objetivo que determinado programa deve alcançar.

DELEGAR PARA DESENVOLVER

Como já dissemos neste capítulo, você deve ponderar suas próprias metas ao selecionar a pessoa adequada à delegação. É importante conseguir os resultados desejados, é claro. Mas você pode, com freqüência, encontrar oportunidades de delegar tarefas quando a meta for o desenvolvimento da capacidade do delegado, e o resultado direto tem menor importância.

Reflita um pouco sobre essa analogia. O aprendizado da pilotagem de um avião é feito em três etapas. Primeiro, os alunos aprendem os princípios da aerodinâmica nos livros e na instrução em terra. Em seguida, assumem o controle de aviões em vôo sob o olhar atento dos instrutores. Finalmente, realizam vôos solo. Ninguém pode ser considerado um piloto competente sem ter solado, e nenhum instrutor mandaria um aluno voar sozinho sem acreditar que ele estivesse preparado para isso. Os instrutores dão aos alunos muitas oportunidades de desenvolverem gradualmente a sua competência e a sua confiança.

A delegação é um processo semelhante. Você procura orientar seu subordinado para que ele adquira independência e competência. Você não manda o aprendiz voar sem o devido preparo, pois isso encerra o risco de uma queda, o risco de problemas sérios. Você também não nega à pessoa a oportunidade de aprender com a prática.

A capacidade de preparar bons subordinados é fundamental, e separa os administradores realmente capazes dos que são apenas competentes. Isso lhe permite três grandes vantagens. Primeira: sua organização funciona com a eficiência máxima. Segunda: tendo pessoal habilitado e experiente, ele apressa sua própria promoção. Terceira: preparar subordinados que são promovidos a outras áreas da companhia cria para o administrador uma rede de aliados de confiança.

Seu pessoal pode desenvolver-se de muitas maneiras. A simples observação da rotina e da maneira como são feitas as coisas torna o funcionário mais experiente. Também os cursos formais de treinamento, as conferências e os seminários contribuem para isso. Mas uma regra prática afirma que 90% da capacidade de um administrador são desenvolvidos pela experiência. Experiência significa delegação.

A delegação para desenvolver forças leva você a examinar os resultados desejados a longo prazo, e não apenas os resultados imediatos. Não escolha sempre o subordinado mais competente para a tarefa a ser executada. Não fiscalize muito de perto a pessoa a quem delegou o trabalho. Dê-lhe autonomia suficiente para aprender, mesmo que os resultados diretos não sejam os melhores possíveis.

SELEÇÃO DA TAREFA DE DESENVOLVIMENTO

Um supervisor de contabilidade de uma grande companhia de processamento de alimentos tinha entre seus funcionários uma jovem e brilhante especialista em impostos. Essa moça fazia seu trabalho básico com grande cuidado, tendo sugerido várias soluções inovadoras. Mas a opinião que o supervisor tinha sobre ela não era partilhada por todos os outros chefes. A moça havia falado em várias reuniões dos departamentos. Sempre parecia despreparada, até mesmo inepta. Quando não podia responder perguntas de maneira rápida e concisa, ficava embaraçada, confusa.

O supervisor sabia que esse ponto fraco de sua funcionária não resultava de deficiência em seus conhecimentos e sua capacidade como contadora, mas de sua aversão a falar em público. Decidiu-se, portanto, a lhe delegar uma tarefa que não tinha relação com complexos problemas fiscais que ela pudesse resolver sozinha. Em lugar disso, mandou-a tomar conta de um programa de orientação para um grupo de estagiários de verão que foram trabalhar no departamento. Disse-lhe que fizesse uma palestra introdutória para os vários grupos, mostrando-lhes como funcionava o departamento e respondendo suas perguntas.

O supervisor estava procurando, com essa delegação, superar o ponto fraco de sua funcionária. Ela não era a melhor pessoa para realizar a tarefa. Ao contrário, a tarefa é que lhe seria útil, pois lhe permitiria desenvolver a autoconfiança. Teria a oportunidade de praticar o uso da palavra e falar em público e, se falhasse, o resultado direto não seria desastroso. O supervisor não corria o risco de falha séria, ao contrário do que aconteceria se, por exemplo, a convidasse para presidir uma conferência dos vários departamentos. Era um caso claro de delegação para desenvolvimento.

É claro que você não vai querer delegar todas as tarefas visando a superação de pontos fracos de seu pessoal. Na verdade, a delegação para melhorar a capacidade é também parte do desenvolvimento. O supervisor poderia, em seguida, pedir a essa subordinada que preparasse uma nova estratégia fiscal importante. Isso também estimularia seu desenvolvimento, ampliando a visão que tinha da companhia e aumentando sua prática da capacidade analítica e de decisão.

Quase todos podem lucrar com alguma forma de delegação. O empregado sempre descuidado pode ser exatamente a pessoa a quem confiar a distribuição de um novo folheto sobre segurança e a discussão de seu conteúdo com os companheiros de trabalho. O supervisor de controle de qualidade que não gosta de escrever pode ser a pessoa a quem se deve atribuir o preparo de um rascunho de projeto sobre a eficiência da produção. É marca do bom administrador ser capaz de atribuir tarefas desafiadoras aos subordinados a elas adequados.

UMA SÉRIE DE SUCESSOS

Quando Sugar Ray Leonard – considerado um dos melhores boxeadores da história – começou sua carreira profissional, seus supervisores não programaram imediatamente uma luta com o campeão. Em lugar disso, prepararam uma série de encontros preliminares com adversários progressivamente mais fortes. Isso permitiu a Leonard desenvolver aos poucos seu talento, sem correr o risco de perder a confiança com uma derrota prematura. Essa série de sucessos preparou-o para conquistar o título mundial.

Da mesma maneira, quando Henry Ford II se afastou da chefia da Ford Motor Co., em 1979, deixou clara sua esperança de que o filho Edsel seguisse, algum dia, os seus passos. Mas não estimulou os diretores da Ford a colocarem imediatamente Edsel, que tinha 30 anos, à frente da gigantesca companhia, pois as conseqüências de um fracasso seriam catastróficas. Em lugar disso, o herdeiro teria de percorrer, por seus próprios esforços, uma longa carreira de administração executiva. Quando seu pai se afastou, Edsel trabalhava como diretor administrativo assistente da subsidiária australiana da Ford. Esse é um exemplo de uma série de decisões usadas para provocar o desenvolvimento de uma pessoa.

DELEGAÇÕES LIMITADAS

A delegação limitada é um bom ponto de partida para o desenvolvimento. Você pode dizer: "Steve, por que não fica com a revisão desses relatórios de produção durante uma semana?" Terá, então, uma oportunidade de ver como Steve se sai dessa tarefa. Ele fará o trabalho sozinho, mas você estará ao lado dele, tal como o instrutor de vôo que está sempre pronto a assumir o comando se houver problemas. Se, ao final da semana, o desempenho de Steve for bom, você pode ampliar a delegação, colocando-a talvez em bases permanentes. Se a tarefa tiver sido superior à capacidade dele, a delegação limitada proporciona a você uma forma elegante de retomar a tarefa.

Ou então você poderia dizer: "Betty, podia preparar estas tomadas de preço para este projeto? Preciso delas dentro de duas semanas." Se Betty fizer um bom trabalho, talvez você possa deixar que ela fique com toda a concorrência e o processo de seleção de fornecedores. Você lhe terá dado uma delegação limitada.

Quando fizer uma delegação limitada, delegue realmente. Se o treinador tiver sempre a mão nos controles, o piloto noviço não conseguirá realmente ter a sensação de estar voando sozinho. Transfira pelo menos parte da decisão ao subordinado. Dê-lhe espaço para manobrar.

APRENDENDO COM OS ERROS

Ajudar uma pessoa que recebeu uma delegação a melhorar e se aperfeiçoar, através de uma série de sucessos, não significa que você, ao delegar, esteja procurando evitar todos os erros. Na verdade, os erros são parte essencial do aprendizado pela experiência. Eles ilustram bem aquilo que não se deve fazer. E a pessoa que aprendeu o que não deve fazer é mais experiente do que a pessoa que nunca teve margem de ação suficiente para vir a errar.

É claro que você não quer que seus subordinados cometam muitos erros, a ponto de se sentirem intimidados. Portanto, limite as possibilidades de erros. Por exemplo, um gerente de transporte pede a seu assistente que prepare o esquema do mês seguinte. O assistente sabe que os custos com horas extras constituem uma das preocupações da companhia, e por isso planeja um esquema justo de embarques que limite os gastos com mão-de-obra. Embora o administrador delegue a esquematização, ainda assim conserva a responsabilidade por sua aprovação, antes de ela ser colocada em prática. Depois de examinar o trabalho do subordinado, ele o chama e mostra que o esquema não deixa tempo suficiente para fazer mudanças de máquinas ou para outras contingências.

O subordinado cometeu um erro, no caso. Mas o controle pelo gerente limitou os danos. Depois de o assistente ter preparado o esquema mais algumas vezes, talvez o chefe possa deixá-lo colocar esse horário em funcionamento, imediatamente. Mas se não houvesse controle, da tarefa original, o erro poderia custar caro. Os embarques teriam sido atrasados. E, o que é mais importante, o erro cometido poderia prejudicar a confiança do assistente, tornando-o excessivamente cauteloso e receoso de tomar decisões.

SUA TERCEIRA META NA SELEÇÃO

AVALIAÇÃO

Você pode aprender muito sobre os delegados em potencial deixando-os participar. A participação deve começar com a fixação dos objetivos. Digamos que você é um gerente de estoques. Quer que seu assistente prepare um relatório sobre as maneiras de organizar esses estoques. Comece pedindo idéias sobre a estrutura do relatório: especificação por edifício, por linha de produtos ou por alguma outra classificação. Se possível, deixe que o delegado escolha a estrutura. Essa tarefa estimula a participação.

Ressalte sempre os resultados. Por que estamos fazendo este relatório? Quais são nossos objetivos? Podem ser quantificados? Por exemplo, podemos fixar uma redução de 5% como objetivo? Mais uma vez, deixe que o delegado ofereça sugestões.

Quando você delega uma tarefa a uma pessoa pela primeira vez, deve ter cuidado em lhe explicar o significado da delegação. Deixe que o delegado saiba, dentro de certos limites preestabelecidos, que tem autonomia. Deixe que ele saiba que, além de ganhar tempo para outras tarefas, você considera essa delegação um meio de ajudar o funcionário a ter uma visão mais ampla da companhia, de enfrentar uma responsabilidade ou de avaliar sua capacidade.

Quanto ao seu comportamento, você deve saber que ouvir é parte importante de uma delegação que se destina a avaliar um funcionário. Por exemplo, talvez o subordinado manifeste a impressão de que essa atribuição está além de sua capacidade. Ele pode não dizer isso abertamente, mas, se você o ouvir com cuidado, perceberá a mensagem. Talvez você possa superar o problema através do encorajamento, ou delegando-lhe um trabalho menos elaborado, destinado a lhe estimular a confiança.

ORIENTAÇÃO

O controle é importante em todas as formas de delegação, e mais ainda quando esta visa a avaliação, pois constitui uma rede de segurança para o subordinado potencialmente valioso.

O treinamento, a orientação e as pequenas correções para manter o delegado no caminho certo são os tipos mais importantes de controle para a pessoa que está aprendendo um novo trabalho. Uma pergunta informal, como "O serviço vai indo bem?", dá ao subordinado a oportunidade de chamar a atenção para problemas que podem estar dificultando a realização da tarefa. (Os controles de um trabalho, função ou tarefa serão examinados detalhadamente nos próximos capítulos.)

Suponhamos, por exemplo, que você tenha delegado a um assistente a tarefa de acompanhar e relatar os níveis de sucata em seu departamento.

Você nota que ele está passando muito tempo localizando volumosas folhas de aço e menos tempo em componentes eletrônicos defeituosos. Sem lhe dizer diretamente como fazer o trabalho, você poderia indicar-lhe a importância das diferenças de valor no controle desse material, bem como o valor maior que os componentes eletrônicos representam. Você não só controlou a delegação, como também acrescentou alguma coisa à sua avaliação da competência desse subordinado para essa tarefa ou para outras delegações futuras.

REAÇÃO DO CHEFE

Quando o novo piloto assume pela primeira vez o controle do avião, experimenta sensações novas, e não tem segurança de estar conduzindo devidamente o vôo. Aos poucos, com a experiência e as reações do instrutor, o aprendiz desenvolve a confiança em operar o aparelho.

A reação do chefe é também importante na delegação. Uma palavra de encorajamento não só mostra aos delegados que eles tomaram as decisões certas, como também lhes dá a consciência de terem agido bem ao tomarem uma decisão. Isso estimula a independência.

Uma sessão formal de avaliação depois de concluído o trabalho delegado também pode ajudar você, quando sua meta na escolha do delegado é a avaliação. Tal sessão proporciona ao subordinado a oportunidade de rever, com você, as decisões que tomou. Permite que você o estimule e, ao mesmo tempo, faça sugestões sobre como a tarefa poderia ter sido realizada mais facilmente. Permite a vocês dois reverem o progresso que o delegado está fazendo e conversarem sobre outras delegações que podem ajudar no seu desenvolvimento. E proporciona a você mais uma peça do quebra-cabeça que é a escolha da pessoa certa para uma delegação de tarefa.

5

AS TÉCNICAS DA DELEGAÇÃO EFICIENTE

"Eu sei por que devo delegar e aquilo que quero delegar. Escolhi a pessoa certa. Agora, como procedo em relação à transferência prática da tarefa?" Resposta: Você deve preparar-se antecipadamente e chegar a um entendimento claro com seu subordinado quanto aos resultados, ao prazo e aos recursos. E acompanhar a evolução do trabalho.

Este capítulo examina as técnicas da delegação. Por mais importantes que sejam estes princípios básicos, porém, você deve lembrar-se de que constituem apenas o começo. A técnica não transforma um pintor em Picasso. As regras que se seguem são apenas os fundamentos da arte da delegação.

A HISTÓRIA DE DOIS GERENTES

Barry Stanton e Hal Baker eram supervisores de departamento de uma grande companhia de serviços financeiros. Ambos desempenhavam suas funções de maneira competente. Mas ambos sentiam a necessidade de delegar mais trabalho aos subordinados, não só para terem mais tempo, como também para proporcionar a estes uma experiência mais ampla. Cada um deles selecionou algumas tarefas adequadas à delegação e escolheu cuidadosamente os subordinados mais capazes em cada caso. Os resultados alcançados, porém, não foram iguais para os dois supervisores.

Barry teve momentos de nervosismo e insegurança quanto à transferência do poder de decisão ao seu pessoal. Os funcionários, porém, em geral foram bem-sucedidos. Aceitaram as incumbências e fizeram esforços sinceros para resolver as dificuldades encontradas, para aprender com suas novas tarefas ou funções.

Hal enfrentou problemas. Para começar, ele achava que gastava muito tempo para explicar todos os fatos relacionados com a tarefa delegada, e que assim quase não ganhava tempo com a delegação. E muitos de seus subordinados o interrompiam freqüentemente com perguntas. Alguns dos funcionários que receberam delegação abordaram as tarefas sem muita seriedade, sem se esforçar, sem procurar realmente aperfeiçoar-se. Foram poucos os que não apresentaram problemas a Hal. Isso causou-lhe tanta preocupação sobre a maneira como o trabalho estaria sendo feito que ele teve de passar muito tempo verificando.

ESTEJA PREPARADO

A diferença entre as experiências de Hal e Barry com a delegação podem ser resumidas numa palavra: preparo. A delegação funciona melhor quando o seu estilo de administrar preparou tanto você como seu funcionário para aceitar e aproveitar o processo de delegação.

Que é um "estilo delegativo" de administração? Começa com o espírito de equipe. A delegação não pode funcionar sem motivação. "Eu" e "você" têm de se transformar em "nós". Seus subordinados têm de se sentir parte de um esforço coletivo. Não podem desconfiar que são apenas burros de carga aos quais se está dando mais trabalho. E têm de sentir que atrás deles está toda a equipe, que não têm de se arrastar com apenas uma perna.

Um estilo eficiente de delegação sempre se orienta para os resultados. Alguns dos funcionários de Hal Baker, habituados a fazer apenas o que ele mandava, sem se preocuparem com os resultados, não puderam avaliar rapidamente a importância destes. Para eles, a maneira pela qual faziam alguma coisa era mais importante do que as conseqüências a que chegavam. Essa atitude mata a delegação, mas pode ter sido provocada por um delegador pouco eficiente.

A delegação floresce numa atmosfera que enfatiza as recompensas, não o castigo. A delegação exige iniciativa, e esta implica riscos. Seus subordinados não correrão muitos riscos se tiverem pouca coisa a ganhar e muito a perder. Os investidores não colocam seu dinheiro em firmas cujas ações oferecem possibilidades mínimas de dividendos e grandes riscos de falência.

INFORMAÇÕES, POR FAVOR

A principal diferença entre Barry e Hal, no que tange aos estilos de administração, era sua atitude para com a informação. Hal acreditava que devia dizer aos subordinados apenas aquilo que precisavam saber para fazer o trabalho. Não que ele gostasse de guardar segredos. Pensava apenas que sua abordagem facilitava as coisas. Achava também que "saber tudo" era uma das prerrogativas do chefe. E o fato de não ser bom comunicador reforçava essa tendência.

Barry, por sua vez, achava que, quanto mais informações seus funcionários tivessem, melhor. Fazia questão de mantê-los informados não só sobre o que estava acontecendo em relação às suas tarefas individuais, mas também em relação aos objetivos e estratégias mais amplos da companhia. Transmitia-lhes informações relacionadas com seu cargo. Passava aos principais subordinados quase todas as informações que lhe chegavam pelo correio e pelos memorandos internos. Freqüentemente, levava um subordinado para reuniões que tinha com seu próprio chefe.

Essa atitude aberta para com o fluxo de informação facilitou seus esforços de delegação de duas maneiras. Primeiro, intensificou a atmosfera de equipe que ele estimulava. Seu pessoal tinha uma idéia melhor dos objetivos gerais para os quais estava trabalhando, e sabia que parte ocupava, ali, seu esforço pessoal. Em segundo lugar, poupava-lhe muito tempo ao fazer uma delegação. Por exemplo, quando pediu a um subordinado que verificasse os efeitos de uma campanha de *marketing* sobre as vendas, não precisou gastar tempo explicando a natureza e o propósito da campanha. Essas informações já haviam sido transmitidas no curso normal do trabalho.

"Não vale a pena delegar." "Explicar leva muito tempo." "Meu pessoal não está preparado." Todas essas desculpas resumem-se num único fato: você está retendo informações. Em conseqüência, toda delegação exige que você transmita muitos fatos que o subordinado já devia saber.

O VALOR DOS DADOS ABSTRATOS

Relatórios, estatísticas, memorandos e reuniões podem transmitir informações concretas sobre fatos. Mas, quando se trata de delegar, a informação abstrata também desempenha grande papel. Você não pode quantificá-la, talvez nem mesmo verificá-la. Ela consiste em boatos, conversas, engodos e mexericos, bem como em opiniões:

- Um vendedor ouviu dizer que um concorrente pode estar planejando uma alteração nos preços.
- O gerente de produção da Fábrica C tem um temperamento difícil.
- Várias companhias tiveram problemas de manutenção com uma máquina que estávamos pensando em comprar.

Esses são exemplos de informações abstratas. São fatos importantes, mas não se encontram em qualquer relatório oficial.

O valor das informações abstratas – tanto para você como para seu delegado – é serem atuais. O boato de hoje pode ser o fato de amanhã. E, como o pássaro na mão, um dado atual vale dois fatos de ontem. Amanhã, seu concorrente já terá posto em prática o novo preço; você terá dificuldades com o temperamento irascível do gerente de produção; e os problemas de manutenção da máquina já serão seus problemas.

Mas as informações abstratas são difíceis de serem transmitidas de maneira eficiente. Ela não se presta a ser transmitida em relatórios formais ou memorandos. A melhor maneira de fazê-la chegar ao conhecimento de seus subordinados é manter linhas abertas de comunicação. Estimule as conversas informais com seu pessoal. Você pode realizar a cada semana, informalmente, "sessões de informação", nas quais troque com seu pessoal dados pertinentes, sejam eles concretos ou abstratos.

PREPARE-SE

Outro fator que agravou os problemas de delegação de Hal Baker foi não estar preparado para delegar. Ele não queria abrir mão da autoridade real, ou da capacidade de decidir. Temia as conseqüências dos erros de seus subordinados. Isso o fazia interferir com os poucos, entre seus funcionários, que demonstravam alguma iniciativa.

O capítulo seguinte examina alguns obstáculos pessoais comuns que os administradores têm de superar quando começam a delegar. Lembre-se, porém, que a delegação é um procedimento difícil e arriscado. Quando você se sentir preparado para delegar, terá dado um importante passo preliminar.

Por isso, não deve mergulhar de cabeça nessa questão. A criação de um padrão e um estilo eficientes de delegação exige não apenas semanas ou meses, mas um ano ou mais. E você não será nunca perfeito – há sempre uma margem de melhoria. Avance com certeza, mas gradualmente. Não vá tropeçar em obstáculos logo na primeira tentativa e abandonar a delegação como causa perdida.

DANDO A PARTIDA

Muitos administradores têm dificuldades em sair do primeiro passo, quando se trata de delegação. São capazes de identificar algumas tarefas que poderiam passar a um subordinado. Reconhecem que alguns de seus funcionários lucrariam com novas funções. Mas nunca acham que é tempo de começar. Adiam, transferem a delegação como algo a ser iniciado na semana que vem.

A melhor maneira de superar essa síndrome é marcar uma série de sessões com seus principais subordinados. A pergunta que deve fazer a cada um deles é: "Que você acha que pode fazer pelo seu departamento e não está sendo feito agora?" As respostas devem servir-lhe de chave para as áreas de entusiasmo e de interesse de cada pessoa. Se, por exemplo, um subordinado disser: "Eu acho que poderia reduzir a sucata", essa pessoa pode ser o candidato ideal para o preparo do relatório mensal sobre a questão, que você mesmo está fazendo agora. A idéia não é deixar que os subordinados determinem o que você vai fazer, mas dar-lhe idéias para transferir pesos mortos. Incidentalmente, a "sessão de idéias" é, em si mesma, uma técnica de delegação eficiente.

Outra boa oportunidade para começar a delegar é quando um subordinado lhe apresenta uma idéia ou sugestão. Por exemplo, um de seus funcionários diz: "Acho que poderíamos reduzir os dados de entrada se reuníssemos essas duas funções contábeis e as entregássemos ao computador." Não responda: "Vou examinar isso, pode ser possível." Em lugar disso, delegue a tarefa. Diga ao subordinado: "Reúna-se com nossos programadores e estude a questão. Traga-me um relatório por escrito, em duas semanas." As sugestões de seu pessoal dão-lhe novas oportunidades de delegar muito depois de você ter começado.

Se você ainda tem problemas em adotar o espírito de "delegação", tente um pouco de enriquecimento do trabalho na sua própria área de responsabilidade, como fizeram os gerentes da Divisão Linde da Union Carbide. A direção estava descontente com o índice de devolução dos maçaricos. E os trabalhadores não se julgavam responsáveis pelo produto final, pois o processo de produção era muito fragmentado.

Depois de estudos, a companhia modificou a montagem dos maçaricos, passando-a de um processo de 19 fases, seis estações de trabalho e sete pares de mãos para um trabalho em que um mesmo operário fazia toda a montagem, testava a peça e era responsável até mesmo por reparos menores. Em conseqüência, os trabalhadores tinham uma variedade maior de tarefas, que exigiam também maior variedade de conhecimentos. Eles passaram a ver o produto final e puderam considerar-se autores dele. E, como fazem o teste, têm uma experiência imediata da qualidade de seu trabalho. A satisfação com o trabalho aumentou, juntamente com a produtividade.

O enriquecimento do trabalho sugere muitas oportunidades de delegação. Por exemplo, se você for gerente de uma conta publicitária, talvez possa transferir algumas funções de contato com o cliente para um homem de *media* ou mesmo um redator categorizado que queira subir na administração. Se for um gerente de loja, talvez possa delegar aos seus compradores algumas decisões de *merchandising* que você mesmo está tomando. Como supervisor de produção, talvez possa permitir que seus chefes de turma façam certo controle de qualidade em seus setores.

ANTES DE DELEGAR

Uma das tarefas que criaram problemas para Hal Baker durante sua tentativa inicial de delegar tarefas foi um relatório trimestral sobre os gastos com horas extras em seu departamento. O relatório exigia a compilação de estatísticas, análise de tendências e sugestões para manter baixos esses custos no futuro. Quando Glen Elliot, um dos supervisores que trabalhavam com ele, apresentou-lhe alguns dados para o relatório, Hal disse: "Glen, por que você não faz o relatório todo? Você conhece bem o assunto." Hal deu-lhe algumas sugestões sobre a maneira de preparar o relatório, um tapinha nas costas e o deixou trabalhar.

"Primeiro", queixou-se Hal mais tarde, "Glen começou a me procurar para todos os detalhes a serem cobertos pelo relatório. Depois, o que me entregou não era o que eu desejava. Eu mesmo deveria ter feito o trabalho."

Hal poderia ter aprendido com Barry Stanton, que fez a mesma delegação em seu departamento. Ele também transferiu a tarefa a um subordinado. Mas, antes de fazê-lo, refletiu e estabeleceu os resultados que deseja ver atingidos pelo subordinado. Anotou cuidadosamente a autoridade e os recursos que seriam necessários. Calculou o tempo que o projeto exigiria, inclusive com margem para compensar o fato de que o trabalho seria novo para o funcionário. Previu as perguntas que seriam feitas e os problemas que o delegado poderia encontrar, e preparou respostas e soluções. Em outras palavras, preparou-se. Quando chegou o momento de entregar a tarefa ao subordinado escolhido, o processo se fez tranqüilamente.

FAZENDO A DELEGAÇÃO

A descrição que se segue mostra a delegação do relatório sobre horas extras feita por Barry Stanton a sua subordinada Laura Thompson. Ilustra alguns dos aspectos importantes a serem lembrados no momento de realizar, na prática, a delegação a algum de seus funcionários.

Para começar, observe que Barry não faz a delegação "apressadamente". Um corredor ou uma reunião barulhenta não é o lugar para transmitir as informações exigidas por uma delegação importante. Barry chamou Laura ao seu escritório, num momento em que tinha tempo e esperava não ser interrompido.

BARRY: Laura, a razão pela qual a chamei é que está quase na hora do relatório trimestral sobre as horas extras e eu queria conversar com você sobre isso. Acho que você viu os relatórios que preparei antes, e portanto compreende do que se trata. A empresa usa os dados nas projeções de custos e no orçamento. Também damos uma olhadela neles, de vez em quando, aqui no departamento. Resolvi dar-lhe a responsabilidade do relatório neste trimestre. Você poderá fazê-lo sem perturbar muito a sua rotina de trabalho?

LAURA: Sem dúvida. Você sabe que estou trabalhando nessas projeções de custos, mas avancei bastante nelas.

BARRY: Está bem. Você deve ser capaz de fazer ambas as coisas sem que uma delas prejudique a outra.

LAURA: Tenho certeza que sim.

BARRY: Se você fizer esse trabalho, terei mais tempo. E você aprenderá um pouco mais sobre o trabalho do departamento, fora de seu grupo. Você tem experiência em determinar as horas extras do seu pessoal. Que acha que um relatório assim deve focalizar?

LAURA: Várias coisas. Primeiro, acho que os chefes de grupos deviam ter bastante liberdade para explicar o que representa o extraordinário. Talvez pudéssemos até mesmo acrescentar mais categorias, ou deixar que eles explicassem cada situação com maiores detalhes. Também acho que o relatório devia ser escrito numa forma mais fácil de ser compreendida. Por vezes, todas essas estatísticas constituem uma leitura difícil.

BARRY: Acho que você tem razão nisso. A idéia principal, no caso, é reduzir os custos com horas extras.

LAURA: Preparar um relatório que seja um instrumento de trabalho para o administrador.

BARRY: Exatamente. Se você puder fazer isso sem deixar de lado qualquer informação de que a empresa necessite para seus registros, muito bem. Mas estamos de acordo sobre o aspecto essencial: quanto mais o relatório contribuir para manter baixos os custos, melhor.

LAURA: Sem dúvida, compreendo.

BARRY: Bem, hoje é dia 3. O prazo para a entrega desse trabalho é o dia 30. Eu gostaria de ter alguns dias para examinar seu relatório, antes de encaminhá-lo. Seria possível tê-lo na minha mesa no dia 24? Algum problema?

LAURA: Três semanas devem ser suficientes.

BARRY: Você provavelmente procurará reunir a maior parte dos dados na primeira semana, a fim de ter bastante tempo para organizá-los. É claro que isso depende de você. Por que não me dá alguma notícia no dia 14, apenas para que eu tenha certeza de que estamos indo bem?

LAURA: Está bem, não há problema.

BARRY: Ah, a propósito, você pode precisar insistir com alguns chefes de grupos para que entreguem as estatísticas. Especialmente o pessoal de *marketing*. Vou procurar dar uma mão, dizendo a eles que você é responsável pelo relatório. Eles terão de lhe dar todos os dados que você pedir, e permitir que examine os registros originais, se for necessário. Há alguma outra coisa de que você precise para fazer o trabalho?

LAURA: Eu poderia precisar de ajuda extra da seção de processamento de textos para preparar o rascunho final.

BARRY: Está bem, eu direi a eles, para que saibam do trabalho extra e o preparem em tempo.

LAURA: Isso será suficiente.

BARRY: Você pode, provavelmente, supor que algumas pessoas não consideram isso uma prioridade.

LAURA: E que devo fazer se eles ficarem adiando?

BARRY: Sempre usei um pouco de pressão e muita persuasão. Mantenha a pressão com cordialidade, isso é o principal. E não deixe que isso seja motivo de preocupação para você.

LAURA: Está bem.

BARRY: Então, estamos entendidos. Você conhece os prazos. Quero apenas ressaltar que a responsabilidade agora é sua. Eu direi aos diretores que essas novas idéias brilhantes vêm de você. Lembre-se, porém, de que eles ficam muito irritados quando recebem dados incompletos ou com atraso. Com sua experiência e seus conhecimentos, acho que você fará facilmente o trabalho. Se houver algum problema sério, digamos, se dentro de uma semana você ainda não tiver dados suficientes, procure-me. Se não houver problemas, vá em frente.

LAURA: Entendido, Barry. Farei o possível.

OS ELEMENTOS DA DELEGAÇÃO EFICIENTE

Essa descrição serve apenas como guia da maneira adequada de delegar uma tarefa a um subordinado. Algumas situações podem exigir explicações e conversas mais extensas; outras, consideravelmente menos. A abordagem de Barry ressalta os elementos mais importantes de qualquer delegação e algumas técnicas que você pode usar.

RESULTADOS

Observe que Barry não começa explicando com detalhes o que Laura deve fazer para concluir com sucesso um relatório sobre horas extras. Em lugar disso, fala primeiro sobre os resultados desejados. E estimula a funcionária a dar sua opinião. Ela não fica presa a um método. Ao contrário, concorda com o chefe num objetivo: produzir um instrumento que ajude a manter baixos os custos com extraordinários. Ela também tem algumas sugestões para tornar o relatório mais eficiente. Você verá que muitos subordinados são capazes de oferecer sugestões novas para melhorar os métodos, os quais eles vêem de uma perspectiva diferente.

Os resultados são a chave de toda delegação. Deixe claro qual é o objetivo visado e seja específico. Não permita que o delegado o perca de vista.

TEMPO

Você e seu subordinado devem chegar a um acordo sobre o prazo específico para a conclusão da tarefa. Se o delegado tem algum problema com o prazo sugerido, seja flexível quando possível e estabeleça imediatamente um limite de tempo mais adequado.

Muitas delegações, que sob outros pontos de vista são bem-feitas, prejudicam-se pela incerteza ou imprecisão quanto aos prazos. "Logo que possível", "sempre que você puder pegar!" e "no mês que vem" são fórmulas que levam à confusão e à inação. Deixe aos subordinados a impressão de que o prazo é firme.

RECURSOS: NÃO DELEGUE PELA METADE

Quando você delega pela metade, transfere o trabalho, mas não proporciona os recursos para sua realização. Os recursos podem variar de um simples telefonema a um colega pedindo que coopere com o delegado, até a autoridade de gastar muitos milhões de dólares. Quando você decide quais os recursos de que precisará a pessoa que recebe a tarefa, deve deixar absolutamente claro quais os que estarão à disposição dela. Examine a questão com o delegado e chegue a um acordo sobre o que será suficiente.

A autoridade é um recurso sempre necessário à delegação. Se você mesmo vinha fazendo o trabalho, sua posição lhe dava a autoridade necessária. Seus subordinados não têm, normalmente, essa vantagem. Faça com que todas as pessoas afetadas pela delegação saibam que você também delegou autoridade, junto com o trabalho a fazer. Em certos casos, o subordinado pode precisar de alguma forma especial de autoridade. Os bancos exigem autorização formal, por escrito, para que as pessoas assinem cheques; a autorização pode ser menos formal, como a que foi dada verbalmente a Laura para solicitar dados de outros chefes de grupo.

NÃO DELEGUE MEIAS TAREFAS

Observe que Barry não mandou que Laura apenas coligisse e analisasse os dados sobre horas extras, reservando para si a elaboração de recomendações. Se ela tem capacidade para realizar as duas primeiras fases, então deve ser capaz também de se ocupar do aspecto do projeto relacionado com a recomendação de decisões. Procure sempre delegar um trabalho completo. Isso aumenta o interesse e o senso de realização de seu subordinado. É mais uma técnica para tornar eficiente sua delegação.

Pior ainda do que conservar para você mesmo uma parte da tarefa é delegá-la a duas pessoas diferentes. Se Laura vai coligir os dados e analisá-los, e Harvey é quem vai transformar essa análise em recomendações, os conflitos e confusões serão quase inevitáveis. Você deve definir claramente as responsabilidades se quiser ser um delegador eficiente.

RAZÕES

Tom Sawyer fazia seus amigos ajudá-lo a caiar a cerca, comportando-se como se essa tarefa tediosa fosse fascinante e exigisse habilidades especiais. Alguns administradores tentam a mesma estratégia ao delegarem tarefas. Dificilmente têm a mesma sorte de Tom.

Se você delega uma tarefa com o objetivo principal de poder dispor de mais tempo, seja franco com seu subordinado sobre a razão. Quando você achar sinceramente que uma nova tarefa poderá ser interessante para o subordinado, ou ampliar-lhe os conhecimentos, diga isso a ele. Mas não apresente um trabalho tedioso como "interessante experiência de aprendizado" quando não é nada disso. A delegação exige confiança. Não se comporte com seu subordinado de maneira a prejudicar essa confiança. Apresentar como interessante um trabalho que não o é acarreta cinismo e perda de respeito.

CONSELHOS

Como você dá ênfase aos resultados, não precisa explicar ao subordinado todos os detalhes necessários para obtê-los. Por exemplo, se delegar alguma coisa simples como a responsabilidade pela manutenção dos estoques de material de escritório, não perca seu tempo dizendo à pessoa onde encomendar cada artigo. Simplesmente fixe a meta de manter estoques adequados a um custo razoável.

Para tarefas mais complexas, porém, você deve dar conselhos e orientar a fim de que a delegação seja eficiente. Por exemplo, Barry explica a necessidade que Laura terá de ser persistente junto aos chefes de grupos para que estes lhe forneçam os dados necessários. Alerta-a para uma área em que poderá enfrentar problemas. Esse tipo de orientação é adequado e necessário, como parte da delegação.

RESPONSABILIDADE

A ênfase na responsabilidade que o delegado tem em relação à tarefa serve para duas coisas. Primeiro, deixa claro que ele tem autonomia de ação e que responderá pelos resultados. É claro que você continua sendo o responsável perante seu diretor pela realização da tarefa. Mas seu subordinado é responsável perante você: não deixe qualquer dúvida quanto a isso.

Em segundo lugar, a responsabilidade contribui para o sentimento de independência da pessoa. Estimula sua adrenalina. Representa uma pressão positiva, um estímulo para realizar o trabalho. Serve de motivação.

Juntamente com a responsabilidade, você deve ressaltar que o delegado tem liberdade de tomar decisões. Para alguns subordinados, essa experiência pode ser nova. Deixe claro que, dentro de certos limites, a decisão que tomarem quanto a essa questão prevalecerá.

DIÁLOGO

Você verá, pelo diálogo entre Barry e Laura, que o processo de delegação não é unilateral. Barry não chama Laura simplesmente ao seu escritório e lhe dá ordens. Em lugar disso, ele a estimula a dar sugestões e fazer comentários. Procura envolvê-la no processo.

O diálogo é uma técnica importante para a delegação eficiente. Atrai o subordinado para as metas e procedimentos da tarefa. E também ajuda você a detectar logo de início problemas potenciais, ou mal-entendidos, quando ainda é fácil corrigi-los. Leve seu subordinado a conversar com você sobre a tarefa a ser realizada. Quando os delegados apenas ouvem em silêncio, você fica sem saber se estão entendendo ou não.

ACEITAÇÃO

Provoque sempre de seu subordinado uma aceitação clara e definitiva da tarefa delegada e dos resultados pretendidos. Você quer mais que uma aprovação murmurada ou uma aceitação tácita. Quer uma declaração clara de que ele aceita as metas e os prazos estabelecidos. Alguns administradores, especialmente ao delegarem um projeto complexo, usam um esquema escrito para os prazos de realização da tarefa e dos objetivos, a fim de terem certeza de que o delegado tem uma idéia clara daquilo que dele esperam.

CRÉDITO

Barry garantiu a Laura que ela teria todo o crédito por seus esforços no preparo do relatório. Essa garantia sempre ajuda a motivar o delegado. Ela é de especial importância quando o subordinado não está habituado a delegações e não tem certeza de que seu trabalho será reconhecido. Dar crédito é uma importante técnica de delegação.

ENTUSIASMO

Quando você atribui aos seus subordinados responsabilidades novas ou mais amplas, eles provavelmente sentem certo nervosismo, talvez até medo. Cabe-lhe estimular o entusiasmo, puxar por eles. A confiança é contagiosa. Verbalmente, e por seus atos, deixe clara a sua confiança no trabalho deles, na capacidade deles de superar obstáculos e atingir os resultados.

PRIORIDADES

Ao abordarem as tarefas delegadas, os subordinados podem sentir-se pouco seguros quanto às prioridades que lhes serão atribuídas em relação às suas funções habituais. Geralmente, você deve evitar os extremos: não quer que os delegados abandonem todo o seu trabalho normal para se concentrarem exclusivamente nas tarefas que você lhes está delegando; também não quer que eles achem que só devem ocupar-se destas quando tiverem tempo livre. Prazos específicos ajudam – dão aos delegados flexibilidade na realização de suas tarefas habituais, juntamente com as novas. Você deve verificar também se eles acham que pode haver conflitos com o trabalho normal. Procure resolver esses conflitos logo de saída.

ACOMPANHAMENTO

O processo de delegação não termina quando Laura sai do escritório de Barry. Observe-se que ele já estabeleceu uma forma de acompanhar a execução da tarefa: Laura deverá informá-lo imediatamente se não conseguir coligir a grande maioria dos dados dentro de uma semana. Além disso, ela deverá apresentar um relatório sobre o trabalho no dia 14.

O acompanhamento é parte integrante do processo de delegação. O aspecto mais sutil da arte da delegação é encontrar a dose certa de acompanhamento – guiar sem interferir, proteger do desastre sem cuidados excessivos, aconselhar sem diminuir a responsabilidade.

O aspecto mais importante do acompanhamento é o controle. Verificações, relatórios sobre a execução, limites de despesas e orientação são facetas do controle, de que falaremos com maiores detalhes mais adiante. Em suma, as técnicas da delegação eficiente incluem resultados, tempo, recursos, razões, alguns conselhos, responsabilidade, diálogo, aceitação, crédito, entusiasmo, prioridades e acompanhamento.

DÊ APOIO AO SUBORDINADO

Earl Weaver, em seus muitos anos com a equipe de jogadores do Baltimore Orioles, adquiriu a fama de ser um dos técnicos de beisebol de maior êxito. Tornou-se famoso por suas muitas discussões acaloradas com os juízes. Mas, como qualquer técnico de uma grande equipe, as tiradas de Weaver não era apenas exemplos de sua irritabilidade. Em muitos casos, ele estava simplesmente dando apoio a seus jogadores. Quando o jogador era punido por uma falta dúbia, o técnico protestava por ele. O jogador sabia que encontraria apoio, e isso fazia com que se empenhasse mais e jogasse melhor.

A mesma coisa acontece no trabalho. Palavras irritadas não são necessárias, é claro. Mas, quando você transfere a um subordinado a autoridade e os recursos para realizar uma tarefa, deve estar preparado para apoiá-lo caso surjam disputas normais com outros chefes ou colegas.

Por exemplo, Barry deu a Laura a autoridade de examinar os registros dos outros chefes ao compilar o estudo sobre horas extras. Um gerente de *marketing* disse a Laura que queria mandar datilografar os dados antes de passá-los a ela. Laura explicou-lhe que os registros originais seriam mais exatos (não havia margem para erros de datilografia) e dariam uma idéia melhor de como eram tomadas as decisões sobre o trabalho extraordinário. O gerente não concordou e se recusou a colaborar.

Laura perguntou a Barry o que devia fazer. Barry sabia que aquele gerente era particularmente difícil. Como seus registros sobre horas extras eram os melhores do departamento, aceitar o ponto de vista dele não teria prejudicado muito o estudo. Mas como Barry dera a Laura a autoridade de agir como melhor lhe parecesse, apoiou-a totalmente em seu desejo de examinar os dados originais, e tornou isso perfeitamente claro ao gerente recalcitrante.

DE QUEM É A VEZ?

"Temos um problema." Você delegou a Joe, um dos seus assistentes, a tarefa de investigar e corrigir as dificuldades de produção que vêm atrasando a entrega de certos artigos. Você o encontra no corredor e ele diz a frase acima. Mas o que quer ele realmente dizer com o plural "temos"?

"Qual é o problema?", pergunta você. Ele explica. Não é um assunto sobre o qual você possa tomar uma decisão súbita, e por isso sua resposta é: "Voltarei a falar com você." "Nós" já não temos um problema, é "você" quem tem. Joe pode agora descansar facilmente enquanto espera que você tome uma decisão.

Que aconteceu? Você delegou uma investigação e seu subordinado a delegou de volta a você. Agora é sua vez. Você não pode esperar que ele seja responsável se ele está simplesmente esperando que você tome a decisão.

Essa devolução da tarefa que você delegou é algo que se deve evitar sempre. Os subordinados tentarão fazer isso. E se conseguirem (como no caso de Joe), continuarão tentando jogar de volta as delegações sempre que encontrarem uma situação difícil. Com isso, a maioria dos subordinados não está necessariamente tentando livrar-se do trabalho. Muitas vezes, eles estão realmente receosos de tomar uma decisão. Estão muito acostumados a deixar os problemas sérios para o chefe.

A solução para as tentativas de devolução da tarefa é fazer com que o delegado se manifeste. "Temos um problema? Está bem, Joe, procure-me amanhã em minha sala com suas recomendações para resolvermos a situação, bem como algumas alternativas possíveis." Agora é a vez dele. E se a solução for adequada, dê-lhe imediatamente o sinal verde. Continua sendo a vez dele. Não permita que ele recoloque a responsabilidade sobre seus ombros.

Esteja sempre alerta para essa tendência que seus subordinados podem ter de lhe devolver as responsabilidades. Transforme-se num eco: quando perguntarem o que você acha, responda: "O que *você* acha?" Se perguntarem: "Isso será suficiente?", responda: "Você acha que é?" Se disserem: "Será possível atrasar isso por uma semana?", sua resposta deve ser: "Será? Antingiremos assim os objetivos propostos?"

Forçar os delegados a agir é mais do que uma forma de conservar livre o tempo, evitando que este seja tomado por decisões que você já delegou. Também contribui para desenvolver a iniciativa. Essa técnica de delegação força os subordinados a enfrentarem os problemas difíceis, em lugar de esperarem ajuda de cima. Estimula a reflexão que se volta para os resultados e não para os problemas.

ERROS

A companhia de serviços financeiros a que Barry e Laura pertenciam era parcialmente sindicalizada. Cerca de metade dos empregados do departamento deles era membro do sindicato. A divisão fazia-se não apenas em relação aos empregados que ganhavam por hora e os que recebiam por semana, mas também de acordo com as funções.

Quando Barry recebeu a informação de Laura sobre o avanço do estudo sobre as horas extras, observou que ela não fizera distinção entre os empregados sindicalizados e os não-sindicalizados. Sabia que essa era uma omissão importante que colocaria em dúvida o valor do relatório.

Barry, porém, não entrou em pânico nem lamentou ter delegado a tarefa. Embora não esperasse um fracasso no preparo do trabalho, sabia que a maioria dos funcionários que recebem uma delegação pela primeira vez comete erros. Nem simplesmente chamou Laura para comentar o erro. Começou elogiando a profundidade da pesquisa por ela realizada e a validade de sua análise inicial.

– Mas uma coisa me está preocupando, Laura. É algo que teremos de considerar quando estudarmos o custo das horas extras segundo os regulamentos sindicais aplicáveis no caso. Estou pensando se haverá em seu relatório alguma contribuição nesse sentido.

– Talvez fosse melhor examinar os dois grupos de trabalhadores separadamente no estudo – sugeriu Laura. – Eu devia ter pensado nisso antes. Realmente, isso faria do levantamento um melhor instrumento de trabalho para os chefes de grupo.

– É uma boa abordagem – disse Barry. – Você pode modificar desse modo o relatório e ainda entregá-lo dentro do prazo?

Laura achou que podia. Voltou ao trabalho sem se sentir aborrecida com uma reprimenda ou incapaz de realizar a tarefa, mas satisfeita por ter percebido seu erro enquanto ainda era possível consertá-lo.

Lembre-se também de que as pessoas só podem receber uma dose limitada de críticas de cada vez. Quando atingem esse limite, tornam-se defensivas, começam a rejeitar a validade da crítica e reagem negativamente. Quando um subordinado realmente comete um erro, procure ajudá-lo a desfazer o engano, aos poucos, em lugar de lançar sobre ele todos os erros de uma só vez. E faça alguns elogios junto com as críticas, para ajudar a pessoa a aceitá-las.

SUA ATITUDE

Uma das principais qualidades de um líder eficiente é a calma frente à adversidade. Muitos grandes comandantes militares destacaram-se por sua total frieza diante de desastres potenciais, atitude que transmitiam a seus oficiais e soldados, impedindo o pânico e a perda desnecessária de vidas. Da mesma forma, os atletas profissionais de destaque em geral podem isolar a histeria da multidão e concentrar-se na tarefa que enfrentam. Essa deve ser sempre sua meta ao tratar dos problemas da delegação. Não é fácil, mas dará sempre melhores resultados. Sua atitude torna mais eficientes as técnicas de delegação que usar.

ELOGIO E CRÍTICA

Dê aos subordinados o crédito pelo êxito na tarefa delegada. Mas, se falharem, assuma você mesmo toda a responsabilidade. Parece injusto? É. Mas é uma regra importante e necessária, a ser seguida quando você delegar uma tarefa.

Por exemplo, se Laura não completar o rascunho final do relatório sobre horas extras a tempo de ele ser encaminhado à direção da empresa,

Barry não deve usar como desculpa o fato de ter delegado o trabalho a Laura, que não o concluiu a tempo. Embora isso dê má impressão sobre Laura, prejudica ainda mais a reputação de Barry. Ele era o responsável pelo resultado – o relatório completo. Se não conseguiu obter esse resultado, não devia dar desculpas. Devia simplesmente ter tomado medidas para corrigir a situação.

Se Barry lançar a culpa sobre Laura, ela provavelmente se sentirá como um bode expiatório. O projeto era uma novidade para ela. Fez um esforço sincero para realizar bem o trabalho. Agora, está sendo censurada por esse esforço. Barry fica em má situação, tanto ante seus superiores como ante os subordinados. Perante os primeiros, parece estar fugindo à responsabilidade; para os segundos, parece ser um chefe que não dá apoio ao seu pessoal.

Lembre-se também de que o fracasso de um subordinado pode significar simplesmente que você delegou uma tarefa sem acompanhá-la, e que os seus controles falharam. Os sistemas adequados de acompanhamento do trabalho dos subordinados impedem falhas em grande escala.

Tão ruim quanto atribuir a culpa aos subordinados é ficar com sua glória. Pode ser verdade que seus conselhos e sua orientação contribuíram muito para o êxito. Mas se você não fizer com que todos saibam que o subordinado merece o crédito, enfrentará sem demora problemas de motivação entre seu pessoal.

Por que seus subordinados iriam esforçar-se se você é quem vai colher os proveitos que lhes eram destinados? Uma atmosfera de trabalho de equipe é uma boa coisa. Mas o líder tem de dar crédito aos seus liderados que fazem o trabalho, e não simplesmente ficar com toda a fama.

O "FAÇA" E O "NÃO FAÇA" DA DELEGAÇÃO

Resumindo o processo de delegação, eis aqui os 10 mais importantes "faça" e "não faça" de que você se deve lembrar ao delegar uma tarefa:

	Faça	*Não Faça*
1.	Estimule o livre fluxo de informações para seus subordinados.	Retenha a informação.
2.	Dê ênfase aos resultados.	Dê ênfase aos métodos.
3.	Delegue pelo diálogo.	Fale apenas você o tempo todo.
4.	Estabeleça prazos firmes.	Deixe imprecisos os prazos.
5.	Certifique-se de que a pessoa tem tudo que lhe é necessário.	Delegue pela metade, dando atribuições sem os instrumentos necessários.
6.	Delegue toda a tarefa a uma só pessoa.	Delegue metade da tarefa.

7. Dê orientação sem interferir.	Deixe de indicar as possíveis armadilhas.
8. Crie controles no próprio processo de delegar.	Imponha controles como medida posterior.
9. Apóie os delegados nas disputas legítimas.	Deixe o delegado travar suas próprias batalhas.
10. Dê ao delegado todo o crédito por suas realizações.	Fique com a glória ou busque bodes expiatórios.

6

OBSTÁCULOS A UMA DELEGAÇÃO EFICIENTE

Você já tem agora uma boa percepção do porquê, do quê, do quem e do como da delegação. Mas, ainda, assim, não está delegando. Ou seus esforços não estão produzindo os resultados esperados. O objetivo deste capítulo é ajudá-lo a identificar e superar as pedras que todo administrador encontra em seu caminho ao tentar incorporar a capacidade de delegar ao seu estilo de administração.

Antes de continuar a ler, apanhe uma folha de papel e anote algumas das razões pelas quais você não delega, ou por que não está colhendo todos os benefícios da delegação. Primeiro relacione as três principais razões pelas quais, em geral, você evita delegar. Em seguida, relacione as três razões específicas mais comuns que você apresenta para não delegar determinada tarefa. Por exemplo, o primeiro grupo de razões poderia incluir "não disponho de tempo" ou "meu pessoal não está preparado para a delegação". As razões para não delegar tarefas específicas podem ser "é complicado demais para explicar" ou "trata-se de um trabalho que eu sempre fiz".

Ao ler este capítulo, releia de vez em quando as razões que você anotou, para se lembrar delas. Procure identificar os obstáculos que estão bloqueando seu progresso na delegação e anote na folha de papel as sugestões para superá-los.

DELEGAÇÃO: UMA TAREFA DIFÍCIL

Jamais se escreverá um livro chamado *Como tornar fácil a delegação*. Delegar não é fácil. É complicado, exige trabalho árduo e envolve riscos inevitáveis. Poucos administradores sabem delegar naturalmente. Quase todos têm de aprender, da mesma maneira pela qual aprendem outras habilitações para administrar, como saber ouvir, motivar e comunicar.

Você aprende a delegar aprendendo primeiro as técnicas adequadas, depois reconhecendo e indo além dos problemas específicos da delegação. E, o mais importante, você aprende usando esses recursos, ou seja, delegando na prática. Não importa quanta teoria tenha estudado, você não pode tornar-se um bom delegador se não praticar, tal como o tenista John McEnroe não pode ganhar em Wimbledon sem passar dias treinando antes que o torneio comece. É difícil, mas veja os prêmios! Imagine duplicar ou triplicar sua capacidade administrativa nos próximos um ou dois anos. Pense no que isso representaria para seu salário, para sua carreira, para sua auto-imagem.

As pedras no caminho dividem-se em desculpas, obstáculos e resistência. As desculpas são as razões para não delegar que você admite espontaneamente. Embora possam ser parcialmente válidas, ainda assim prejudicam sua eficiência. É como um corredor de maratona paralisado por uma pequena câimbra no pé. É claro que dói. Mas será uma razão válida para que o maratonista abandone toda a carreira? O primeiro passo, portanto, em colocar de lado as desculpas é reconhecer que você as está usando e compreender que são exatamente isso, desculpas.

Os obstáculos são impedimentos à delegação. São empecilhos que você não cria, e nem mesmo vê, antes de se chocar com eles. Os obstáculos relacionados com a organização são problemas autênticos. Por exemplo, você pode ter uma responsabilidade conjunta com outro departamento na realização de um trabalho. Você pode ter de contornar esse problema para poder delegar seu trabalho. Os obstáculos pessoais consistem em atitudes e abordagens que são parte do seu estilo de administração, e que você não sabia que existiam, antes de começar a delegar. Não são desculpas claras, mas fatores ocultos que solapam seus esforços.

A resistência refere-se às razões pelas quais seus subordinados deixam de cooperar plenamente com a delegação. Essa é outra barreira, mas você também pode superá-la.

DESCULPAS PARA NÃO DELEGAR EFETIVAMENTE

"Eu posso fazer melhor." Na maioria dos casos, é perfeitamente certo que você pode fazer melhor que seu subordinado a tarefa que lhe quer delegar. Mas se pergunte sempre: "É necessário ser melhor?" Lembre-se do conselho de Shakespeare: "Aquilo que serve basta."

Por exemplo, um engenheiro de planejamento pode montar uma máquina complicada mais depressa e melhor que um trabalhador de produção. Seu conhecimento detalhado do funcionamento da máquina lhe dá uma noção melhor das sutilezas da tarefa. Mas essa perfeição é desnecessária. E não há como justificar o custo de uma linha de montagem formada por engenheiros.

Quando você se descobrir dando a desculpa do "Eu posso fazer melhor", sempre reaja perguntando: "Algum de meus subordinados pode fazer um trabalho adequado?" Se puder, esqueça a idéia de obter melhores resultados fazendo você mesmo a tarefa. Lembre-se da lei da vantagem relativa. Se tudo o que você precisa é de transporte para levá-lo de um lugar para outro, um Ford serve tanto quanto um Rolls-Royce.

"Tenho medo de que meu subordinado falhe." A possibilidade do fracasso persegue alguns administradores e, para eles, essa parece uma razão lógica para não correr o risco de delegar. Eles acham perfeitamente razoável e certo serem cautelosos. Como a delegação exige que eles abram mão de algum controle e corram riscos calculados, esses administradores nunca delegam tarefas.

Duas idéias ajudarão você a contornar essa desculpa. Primeiro, você deve compreender que o risco calculado é necessário e desejável. Há alguns anos, a Miller Brewing Co. lançou um produto que nunca, até então, havia vendido bem. A companhia investiu muito dinheiro no desenvolvimento e no *marketing*. O produto, uma cerveja chamada Lite Beer [Cerveja Leve], obteve grande sucesso. O risco de entrar num novo mercado transformou-se em vantagem. Da mesma forma, o risco que acompanha a delegação freqüentemente oferece compensação em resultados que, sem isso, você jamais poderia alcançar.

Em segundo lugar, você pode reduzir muito os riscos por meio dos controles adequados. Dirigir um carro encerra certo risco, como o índice de 50 mil fatalidades por ano nas estradas ilustra de forma clamorosa. Mas os melhores freios, os cintos de segurança e a cautela e previsão ao dirigir reduzem a maioria dos perigos. A delegação não coloca você num veículo descontrolado, não transforma seu Chevrolet num carro de Fórmula 1. Você ainda pode controlar a direção.

"Eu gosto de fazer isso." É claro que gosta. E isso é tão confortável quanto um chinelo velho. Mas, e os resultados? Até onde você quer chegar na sua carreira? Que posição gostaria de ocupar? Uma pessoa nessa posição iria usar, com proveito, o seu tempo num tipo de trabalho do qual você diz gostar? E, ao se dedicar a esse trabalho, você não estará deixando de superar a outros quando da próxima oportunidade de promoção?

"É preciso fazer isso imediatamente." Como pode você delegar a tarefa? Você precisa de tempo para se reunir com seu subordinado, conversar sobre os resultados e iniciar a pessoa no trabalho novo. E seu subordinado levará mais tempo para concluí-lo do que você. Não há tempo, você pensa.

A administração do tempo é a resposta para essa desculpa. Você tem de organizar seu tempo para delegar tarefas. Planeje com antecedência. Não espere até se esgotar o prazo. Controle seu tempo. Estabeleça prioridades. Não enterre a delegação no fundo de sua relação de "faça".

"Não quero que meu pessoal me considere um tirano." O igualitarismo é um tema persistente entre os modernos teóricos da administração. Alguns administradores têm medo da Síndrome de Steinbrenner – ou seja, de serem dominadores demais. Eles se preocupam com a possibilidade de que seus subordinados achem que estão descarregando trabalho sobre eles para que possam ir jogar golfe, tênis ou futebol. Têm medo de parecer mandões.

Delegar não é tirania. É o oposto, na verdade. Libera o subordinado para que este decida de que maneira quer fazer as coisas. Deixa que ele participe da fixação de objetivos. Quando você usar essa desculpa, pratique a empatia – coloque-se no lugar dos outros e veja sua delegação do ponto de vista deles. Depois, reflita sobre o papel que você desempenha no relacionamento com eles. Lembre-se de que você, como eles, deve aumentar sua produtividade. E, para um administrador, a delegação é a maneira mais rápida de melhorar a produção pessoal.

"Quero crédito pelos resultados." Essa desculpa egoísta indica que você está sofrendo da síndrome do "pedaço do bolo". Você considera o crédito e o reconhecimento como um bolo. Se você der um pedaço muito grande ao seu subordinado, ficará menos para você. Mas não é assim. A delegação aumenta o tamanho do bolo. Sua parte do que fica aumenta. E seu chefe dará crédito tanto a você como a seu subordinado.

"Quero manter contato com o trabalho." Você agora é supervisor, mas não resiste à tentação de resolver um problema com as máquinas de processamento. Você se torna chefe da contabilidade, mas ainda continua a fazer lançamentos de rotina. É gerente de vendas, mas ainda cuida pessoalmente de algumas contas "especiais".

Liberte-se. Relaxe. Você está se prendendo num nó. Entretanto, delegar significa abrir mão, pensar em prioridades. E "manter contato" com o trabalho será a melhor maneira de usar seu limitado tempo? Quase sempre, não é.

"Eu não quero dar a impressão de que não faço nada." Você acha que administrar é dar a impressão de estar ocupado o dia inteiro? Você se sente culpado quando trabalha a um ritmo que não seja frenético? E mostrar que você está dando duro é mais importante do que conseguir que as coisas sejam feitas? Você acha que a delegação lhe rouba trabalho? Há uma história famosa segundo a qual um dos barões do petróleo, John D. Rockefeller, disse certa vez a um de seus gerentes: "Você está trabalhando demais. Ponha os pés em cima da mesa e pense em como a Standard Oil pode ganhar mais dinheiro."

Delegar é um instrumento administrativo destinado a ajudá-lo a conseguir mais resultados com menos esforço. Seu ritmo alucinado não é sinal de realização, mas de ineficiência. Lembre-se de que gastar o tempo em refletir e planejar é o dever número um do administrador.

"Meu chefe gostaria de que eu fizesse isso pessoalmente." Por vezes, trata-se de uma razão válida para não delegar. A maioria dos administradores, porém, a usa simplesmente como desculpa. Por exemplo, seu chefe diz: "Quero que você me faça, até o dia 10, um sumário do tempo que as máquinas de seu departamento ficam paradas para manutenção." Importa-se ele com a maneira pela qual você consegue os dados? Ou está interessado apenas nos resultados? É claro que os resultados é que são importantes.

"Eu prefiro fazer isso de maneira simples." Delegar torna a tarefa mais complicada. Para evitar essa complicação, você a faz sozinho. Os administradores usam essa desculpa para justificar a não-delegação de tarefas menores. Mas essas tarefas menores são a melhor coisa para você praticar suas técnicas e o hábito de delegar. Aceite o fato de que delegar é mais complicado. Não faça, mande fazer.

"Eu não pediria ao meu pessoal para fazer nada que eu não estivesse disposto a fazer." Essa é a Falácia de Líder Heróico. Você quer marchar à frente de seus "soldados". Mas veja, por exemplo, alguém como Tom Landry, que há muito tempo é técnico dos Dallas Cowboys. O êxito que ele teve no futebol não vem do fato de calçar as chuteiras, vestir a camisa e entrar no campo para jogar. Ele lidera seu time fazendo *bem* seu trabalho: elaborando a estratégia e dirigindo os esforços de seus jogadores. A marca do verdadeiro líder é conhecer seu papel e desempenhá-lo bem, e não tentar bancar o herói.

OBSTÁCULOS ORGANIZACIONAIS À DELEGAÇÃO EFICIENTE

Obstáculo: Falta de pessoal. Você tem poucos funcionários, que já estão sobrecarregados.

Solução: Procure conseguir mais gente. Se isso é impossível, faça com que seus subordinados também deleguem mais, seja a outros funcionários que trabalhem com eles ou a especialistas. Faça com que também eles aprendam a administrar o tempo. Reduza a burocracia desnecessária e outras coisas que consomem tempo. Delegue, seja como for. A maioria das pessoas pode encontrar tempo para fazer mais alguma coisa.

Obstáculo: Contratação incompetente. Você simplesmente tem pessoas inadequadas trabalhando em seu departamento.

Solução: Faça todas as modificações de pessoal que lhe sejam possíveis. Lembre-se de que *todo* subordinado pode assumir alguma delegação, mesmo que limitada.

Obstáculo: Problemas de treinamento e promoção. Seus subordinados subiram depressa demais. Ainda não estão preparados.

Solução: Cabe a você. A situação exige muita paciência, uma orientação constante, controles rígidos e um programa de delegação gradual. Lembre-se de que delegar é a melhor forma de treinamento. Adapte a delegação e o controle que a acompanha aos níveis de competência e conhecimentos do subordinado.

Obstáculo: Confusão organizacional. Exemplo: seu chefe passa por cima de você e dá um trabalho a seus subordinados. Isso é tão bom quanto um pouco de oleo de rícino numa fábrica de doces. Torna a delegação eficiente muito mais difícil.

Solução: Tenha uma conversa com seu chefe. Peça-lhe que defina as suas funções e as daqueles que trabalham com você, na forma de descrições de cargos. Se você já tem essas descrições, faça com que seu chefe respeite os limites organizacionais traçados por elas. E tenha ainda mais cuidado, ao delegar tarefas, de deixar claro ao seu delegado que ele é responsável perante você. Estabelecer prioridades e prazos claros também diminui a confusão organizacional.

Obstáculo: Estagnação organizacional. É o contrário da confusão organizacional. O organograma organizacional está talhado em pedra. Todas as instruções chegam a você "de cima". Os diretores recebem as iniciativas com desconfiança.

Solução: Procure sair-se da melhor maneira, de acordo com as oportunidades oferecidas pela situação. Delegue com prudência e mantenha um registro dos resultados para comprovar o acerto de suas decisões e mostrá-lo aos "São Tomés" que só acreditam vendo. Dedique especial atenção aos controles. Dê ao seu pessoal liberdade para realizar as tarefas delegadas, mas exija que todos se mantenham em contato com você, para que lhe seja possível responder junto aos seus chefes pelos atos de seus subordinados.

Obstáculo: Instabilidade. Ninguém quer correr riscos devido à insegurança na organização. As pessoas protegem suas áreas como uma galinha protege seus pintinhos. Essa situação surge quando os problemas financeiros provocam dispensas. Nessas ocasiões, os empregados resistem às delegações porque temem que seu trabalho habitual, familiar, seja menos seguro.

Solução: Escolha delegações que estejam bem relacionadas com o trabalho normal de seus subordinados. Por exemplo, mande o inspetor do controle de qualidade supervisionar experiências com a remodelação de peças defeituosas. Faça com que seu pessoal compreenda que os novos conhecimentos adquiridos em novas tarefas aumentarão sua segurança, e não enfraquecerão sua posição atual.

Obstáculo: Desvalorização da delegação. Esse tipo de companhia leva seus administradores a trabalharem até tarde da noite, em lugar de delegar tarefas aos subordinados. A direção desconhece a capacidade de delegar, não acredita nas avaliações de desempenho. O mais importante é a maneira pela qual as coisas sempre foram feitas, e quem as faz.

Solução: Você tem de abrir seu próprio caminho nessa selva. Delegue tarefas, obtenha resultados e mostre à companhia a relação de causa e efeito. Tenha uma conversa franca com seu chefe. É provável que ele seja um "fazedor" e se apegue a essa abordagem. Procure mostrar-lhe as razões pelas quais você quer delegar tarefas. Tenha confiança em seus controles e avance passo a passo.

OBSTÁCULOS PESSOAIS À DELEGAÇÃO EFICIENTE

Obstáculo: Delegar é difícil. Você provavelmente não admitirá, nem para si mesmo, que a razão que o leva a não delegar é simplesmente a dificuldade de fazê-lo. Mas, na verdade, muitos administradores fogem à delegação porque não se dão bem com ela, não se sentem bem ao delegarem tarefas.

Solução: Reconheça que delegar não é um instinto. É um talento que você pode aprender e desenvolver. Habitue-se gradativamente a delegar, até ter adquirido o senso do método. Delegue primeiro tarefas triviais. Transfira algumas tarefas rotineiras. Não procure enganar-se dizendo: "Eu simplesmente não sou de delegar." Se você é um administrador, você é um delegador – ou deveria ser.

Obstáculo: Você gosta de ação. A maior parte dos administradores gosta. E a ação o envolve, com freqüência, em tarefas que você devia delegar. Um bom exemplo é o gerente de vendas cuja boca se enche de água quando ele pensa em sair em campo e fechar alguns negócios.

Solução: Reavalie seu papel como administrador. Você está realmente consciente das responsabilidades e do potencial de seu cargo? Ou está gastando o tempo funcionando como uma engrenagem de máquina? A administração tem emoções e recompensas próprias para o verdadeiro administrador.

Por exemplo, o gerente de vendas deveria parar de se considerar simplesmente uma espécie de bedel. Ele deveria delegar mais tarefas e se concentrar em funções como o planejamento, o desenvolvimento de novas técnicas de venda e a transformação de vendedores acostumados a perder em homens vitoriosos.

Obstáculo: Você não tem certeza de sua própria autoridade. Por exemplo, você é o chefe de escritório de uma grande firma de advogados. Essa firma comprou recentemente um minicomputador e contratou um operador-programador. Você gostaria de melhorar o sistema de processamento de textos e gostaria de examinar a possibilidade de ligá-lo ao computador. Gostaria de delegar alguns estudos e avaliações ao programador. Mas não tem certeza de que sua autoridade de chefe do escritório cobre a situação. Você não delega a tarefa e procura executá-la sozinho.

Solução: Converse com seu patrão e verifique exatamente qual a autoridade de que dispõe. Procure conseguir uma descrição geral dos seus limites de autoridade, ou terá de voltar a falar com o patrão sobre sua autoridade toda vez que quiser delegar uma tarefa.

Quando em dúvida, delegue. Corra o risco. Não seja cauteloso demais. Por vezes você tem de apostar tudo num lance de dados. Por vezes, tem de assumir a autoridade, em lugar de ficar sentado silenciosamente à espera de que ela lhe seja concedida. Se, como chefe do escritório, você tomar a iniciativa, delegar a tarefa ao programador e conseguir resultados específicos, sua ação dificilmente poderá ser criticada.

Obstáculo: Você é autocrata. Não reconhece isso, mas observe a maneira como age: dá ordens constantemente, criando entre o seu pessoal o hábito de esperar por elas. Você motiva pelo medo, de modo que seu pessoal passa grande parte do tempo cobrindo a própria retaguarda. Você dá a impressão de que está dizendo "Façam como eu quero, ou serão demitidos", para lembrarmos o título de um livro de David Ewing, diretor-gerente da *Harvard Business Review* (Nova York, John Wiley and Sons, 1982). Por isso, a equipe nunca demonstra iniciativa. Você se considera duro e teimoso, mas na realidade é rígido e de visão estreita.

Solução: Não defina esse obstáculo em termos de bons contra maus. Esqueça se você é um companheiro para seus subordinados, ou se eles o vêem como uma assombração. Em lugar disso, concentre-se nos resultados, que no final das contas são o que realmente importa. Você não precisa conquistar popularidade, mas conseguir que as coisas sejam feitas. E a delegação é sempre melhor que o estilo do chicote.

Ironicamente, uma das razões pelas quais os administradores freqüentemente se transformam em autocratas é o fato de não usarem os controles de maneira adequada. Delegar nunca significa abandonar. Use métodos de controle que lhe permitam dar responsabilidades aos subordinados, mas que o mantenham em estreito contato com o que está acontecendo.

Obstáculo: Você não é capaz de comunicar-se. "Não era isso exatamente o que eu queria. Não posso explicar, mas sei quando vejo." Tal declaração é indício de má comunicação. Você já se surpreendeu dizendo alguma coisa parecida? A delegação exige que você comunique claramente tanto os resultados que deseja como as informações de que o delegado precisará para fazer o trabalho. Lembre-se de que você tem um "banco de dados" armazenado na cabeça, ao qual seu subordinado não pode recorrer automaticamente. Sua experiência lhe dá conhecimentos, instintos e um senso que orientam sua abordagem de qualquer tarefa. Mas a tentativa de articular essas idéias pode ser tão difícil quanto tentar jogar com quatro bolas ao mesmo tempo. Por isso, em lugar de delegar a tarefa, você mesmo a executa.

Solução: A comunicação é mais fácil quando devidamente estruturada. Organize seus pensamentos em categorias antes de conversar com seu funcionário. Classifique as tarefas de acordo com os resultados, recursos e controles. Trate cada tópico em ordem. Tome nota do que você quer dizer. Lembre-se de ouvir. Ouvir é a melhor parte da comunicação, pois informa você daquilo que seu subordinado está querendo dizer e serve de orientação quanto à maneira pela qual você deve tornar mais claras as observações que faz. E também manter um fluxo constante de informação. Quanto mais seu pessoal souber, de menos informações específicas precisará quando você delegar uma tarefa.

Obstáculo: Você falhou na delegação. Um subordinado fracassou numa tarefa importante que você lhe delegou. Agora, você "sabe" que não vale a pena delegar.

Solução: A experiência nem sempre ensina a lição certa. Um gato que se deita sobre um forno quente aprende e nunca mais faz isso. Mas também nunca mais se deita num forno frio. Lembre-se dos aspectos seguintes:

- A delegação pode, por vezes, deixar de produzir os resultados esperados.
- Os controles minimizam a possibilidade de desastre.
- Os melhores administradores são delegadores eficientes.
- Qualquer administrador pode aprender a delegar, mas é preciso ter prática.

Obstáculo: O contato interpessoal não o deixa à vontade. Você é distante, não gosta de trabalhar em estreito contato com os outros. Dar ordens elimina a conversa necessária e o intercâmbio existente quando se delega uma tarefa. Você prefere assim.

Veja, por exemplo, o caso do contador de uma grande companhia de serviços de computador que era excelente analista financeiro. Destacou-se no seu trabalho e recebeu duas promoções rápidas. De súbito, viu-se supervisionando um grupo de 12 outros contadores. Mas tinha muita dificuldade em estabelecer contato com os subordinados, em "estender a mão e entrar em contato com alguém", como diz o anúncio da companhia telefônica. Não conseguia conhecer seu pessoal nem a capacidade de cada um. Vacilava entre responder "Eu mesmo faço" e dar ordens sem qualquer conversa preliminar, ou em obter qualquer concordância quanto às metas. Tornou-se então um viciado no trabalho, isolado de seu pessoal – que então perdeu a motivação.

Solução: A solução para esse problema é quase tão fácil quanto escalar uma encosta coberta de gelo. Ataque o problema aos poucos. Siga um curso como o de Dale Carnegie. Isso fará com que procure estabelecer relação com outras pessoas. Peça ao seu chefe que lhe proporcione treinamento externo. Seminários que investigam a dinâmica de grupo podem ser úteis, bem como o treinamento em autoconfiança. Discuta o problema com seu chefe e com outros administradores mais experientes. Eles poderão oferecer-lhe conselhos práticos para quebrar sua relutância em se entender com os outros. Depois, comece a delegar pequenas tarefas simples e vá avançando até as mais sérias. Dedique cuidadosa atenção à correção das técnicas de delegação descritas no Capítulo 4.

Obstáculo: Você não confia no seu pessoal. Acha que todos são preguiçosos, que param de trabalhar se não houver uma fiscalização rigorosa. Acha que alguns são incompetentes. Qualquer que seja a tarefa, você não quer correr um risco delegando-a a eles.

Solução: O teórico em administração Rufus E. Miles Jr. assim resumiu esse obstáculo: "A liberdade de tomar boas decisões significa a liberdade de tomar más decisões", disse ele. Os controles ajudam a limitar as conseqüências dessas más decisões. Mas, no fim, você tem de correr um risco com seu pessoal. Todos os administradores correm riscos – ou não continuarão sendo administradores por muito tempo. Você tem de confiar em seus subordinados. O capítulo seguinte focaliza as maneiras de se criar a confiança mútua.

Obstáculo: Inveja. Você evita delegar tarefas a seus principais subordinados, não porque tenha medo de que eles falhem, mas porque tem medo de que tenham êxito. Você se preocupa com a possibilidade de que eles passem à sua frente. Preocupa-se com o fato de que um jovem "fenômeno" da companhia subiu rapidamente enquanto seu próprio progresso se fez com dificuldade. Você delega tarefas triviais, mas guarda o tipo de delegação que daria ao seu funcionário uma oportunidade de brilhar realmente.

Solução: Interesse próprio. Pense em seu departamento ou unidade como uma equipe. De que você precisa para ter reconhecimento? De realizações. Resultados espetaculares. Sua função é dirigir e levar seu pessoal a conseguir tais resultados. Todos numa equipe lucram quando esta vence o campeonato da liga, especialmente o líder. E para ganhar contribuem com o máximo de seu potencial.

Delegar tarefas com o objetivo de desenvolver novos administradores proporciona dividendos adicionais. Um gerente administrativo de uma das principais companhias de automóveis ficou famoso, internamente, pelo número de gerentes promissores que passaram por seu departamento. "Não se sente frustrado ao desenvolver subordinados competentes que são promovidos e saem de seu departamento?", perguntaram-lhe. "Absolutamente", respondeu ele. "Para conseguir realizar as coisas numa grande organização como esta, preciso de aliados. Cada pessoa que sai promovida do meu departamento é mais um aliado. E quanto mais sobem na companhia, mais valiosos se tornam para mim."

RESISTÊNCIA À DELEGAÇÃO

Bem, você deixou de lado as desculpas e derrubou os obstáculos. Está pronto para delegar, e desejoso de fazê-lo. O problema é que seus subordinados não querem cooperar. Não saltam de contentes com as novas tarefas. Arrastam-se e recebem suas idéias de delegação com o mesmo entusiasmo com que se dirigem à cadeira do dentista.

Até certo ponto, isso pode ser resultado da novidade. Se você é um administrador ou supervisor novo, ou não delegou muitas tarefas até agora, seus subordinados podem ficar justamente desconfiados de seus súbitos esforços para envolvê-los na fixação de metas e na tomada de decisões. É melhor proceder com segurança, mas aos poucos, como a tartaruga da velha fábula da tartaruga e da lebre. Esclareça suas idéias sobre delegação à medida que for ampliando o âmbito de suas delegações. Quando seus subordinados perceberem as vantagens que podem obter com esse processo, a resistência desaparecerá. Nos casos em que certos funcionários continuarem a resistir às suas tentativas de lhes delegar tarefas, localize a causa e a supere. Afinal de contas, a administração é a arte de fazer as coisas por meio dos outros, através da persuasão. Só quando a persuasão falhar é que você deve dar ordens.

SUPERAR A RELUTÂNCIA DOS DELEGADOS

A relutância em aceitar as tarefas delegadas vem, muitas vezes, da falta de autoconfiança do delegado. Ele tem medo do risco de fracasso. Esses subordinados sempre vêem as delegações como um desafio demasiado grande. Temem não ter os conhecimentos ou a experiência necessária à tarefa. Acham que estão recebendo trabalho demais, e muito depressa.

Criar uma série de sucessos é a melhor maneira de tratar esses casos, como marcar uma série de lutas fáceis que desenvolvem a confiança do boxeador. Cada nova delegação deve contribuir para criar a confiança necessária à seguinte. Passe mais tempo com essas pessoas, revendo os controles sobre seu desempenho. Mas não permita que tais subordinados se apóiem em você. Faça questão de expressar claramente sua confiança na capacidade que eles têm.

A relutância também pode ser um sintoma de preguiça. Esse problema é de superação muito mais difícil. Chamar uma pessoa de preguiçosa é o mesmo que sacudir um pano vermelho na frente de um touro. Quando você perder a paciência nas tentativas de fazer com que esses funcionários aceitem responsabilidades, sabendo que são preguiçosos, não há outra solução: substitua-os ou lhes dê funções bem-estruturadas, onde possam vegetar pelo resto de suas carreiras.

SUPERAR A INCERTEZA

Alguns subordinados resistem à delegação porque não têm certeza da situação. Eis quatro exemplos desse tipo de atitude:

"Eu tenho autoridade para isso?" Nada pode causar mais incerteza sobre as novas funções do que receber um encargo sem ter autoridade suficiente para levá-lo a cabo. Por exemplo, como gerente de fábrica, você delega a um chefe de departamento a tarefa de colocar em prática certas medidas que visam reduzir os custos. Isso significa que tal pessoa terá de dar ordens a outros chefes de departamentos e fazer com que tais ordens sejam cumpridas. Surgem imediatamente questões sobre sua autoridade. Os outros chefes não resistirão a alguém que tem o mesmo cargo deles? Quando se fizer necessário, você deixará clara a autoridade do seu delegado e irá apoiá-lo? Não é de surpreender que a incerteza sobre a autoridade possa provocar resistência às delegações.

Você deve ser muito claro e firme sobre as proporções da autoridade que está transferindo ao seu subordinado. Não suponha que ele saiba qual é sua competência. Explique-a. Esclareça tudo. E tenha certeza de que isso é o bastante para a conclusão da tarefa.

"Receberei crédito por isso?" Por que fazer o esforço para que outro fique com a glória? É uma atitude compreensível em pessoas que não estão habituadas a assumir tarefas, deveres ou responsabilidades delegados. Quando você delega uma tarefa a seus subordinados, eles correm riscos, tal como você mesmo. Terão de tomar decisões. Terão de demonstrar iniciativa. Em troca, têm o direito de esperar que seus sucessos lhes sejam creditados. Se isso não acontecer, eles não terão certeza quanto a aceitar a próxima atribuição.

Um reconhecimento verbal, uma carta de elogio com cópias distribuídas a diretores em escalões superiores, a oportunidade de participar de uma reunião com a alta direção, um aumento ou uma gratificação, uma melhor localização no trabalho ou uma sala, a oportunidade de entrar e sair à vontade, ou mesmo a tão ironizada chave do banheiro dos executivos – tudo isso pode servir como crédito por ter realizado com êxito a tarefa delegada. Manifestar publicamente o reconhecimento, deixar claro que você não rouba os esforços de seus subordinados, faz com que os delegados busquem novos mundos a serem conquistados e elimina quaisquer relutâncias ou incertezas quanto à aceitação de novas delegações que lhes forem feitas.

"Será que conheço todos os fatos?" Imagine caminhar numa sala cheia de móveis e totalmente às escuras. Um movimento errado, e você dá uma canelada numa mesinha de centro ou derruba um vaso chinês. Como deve proceder? Simplesmente não fazer nada, se for possível. Se não for, movimente-se com muito cuidado.

Pense, em seguida, no estado de espírito de um subordinado que recebeu uma tarefa formidável, foi responsabilizado pelos resultados, recebeu um prazo rígido, mas está quase que totalmente às escuras quanto aos fatos pertinentes a essa tarefa.

Examinamos, num capítulo anterior, o valor do fluxo contínuo de informações para os subordinados, a fim de mantê-los preparados para a delegação. O diretor de *marketing* de uma pequena firma de produtos de consumo mantinha um arquivo dos "fatos da vida" em sua sala. Dele faziam parte cartas, memorandos, relatórios, estatísticas, sumários das atividades dos concorrentes, levantamentos da indústria, brochuras, artigos de revistas e jornais – tudo que lhe parecia potencialmente útil para o trabalho. Fazia com que seus principais subordinados tomassem conhecimento dos "fatos da vida" uma vez por semana. Isso os mantinha quase tão bem-informados quanto o diretor sobre os fatos internos e externos que lhes poderiam ser úteis. Quando ele delegava uma tarefa, podia supor que seu funcionário tinha um bom nível de conhecimentos pertinentes. Essa técnica dava aos subordinados maior confiança na aceitação de delegações, pois eles se sentiam com melhor base para compreender determinada tarefa. Também tornava as delegações mais rápidas e mais fáceis para o diretor de *marketing.*

"Já ouvi isso antes." Subordinados que falharam quando lhes foram delegadas tarefas no passado tornam-se tímidos e resistem a outras delegações. Têm medo de que um novo fracasso os liquide definitivamente. Escolha para eles tarefas que estejam perfeitamente ao seu alcance. Adote uma rotina destinada a lhes estimular a confiança, tal como mostramos antes, criando para eles uma série de sucessos.

SUPERAR OS MAUS HÁBITOS

A resistência à delegação pode nascer não só da relutância ou da incerteza, mas simplesmente de maus hábitos. Os empregados adotam facilmente tais hábitos em situações de trabalho onde a delegação é rara.

A SÍNDROME DE "AGRADAR AO CHEFE"

Os resultados passam a um segundo plano, dando precedência às coisas que seu pessoal acha que você "realmente" quer. Eles o testam constantemente com balões de ensaio que tentam avaliar quais são seus verdadeiros sentimentos. Fazem pressão para que você lhes diga como realizar uma tarefa, em lugar de trabalhar com independência dentro dos controles fixados por você. Buscam, com freqüência, sua aprovação. A síndrome do "agradar ao chefe" opera contra as vantagens da delegação, que incluem a apresentação de soluções e resultados pelos subordinados, e não de perguntas e problemas. Com freqüência, a culpa é dos administradores, e não de seu pessoal. Eles não exigem que os subordinados corram riscos ou tomem decisões. Faça a você mesmo as perguntas seguintes, se o pessoal revelar tal síndrome:

- Será que eu realmente falei dos resultados que quero, e não dos métodos?
- Procuro desencorajar meus subordinados quando pedem orientação da qual realmente não precisam?
- Devolvo-lhes as perguntas que fazem, obrigando-os a me dizerem o que farão, antes de emitir qualquer opinião?
- Reassumo muito apressadamente tarefas que lhes atribuí, antes de fazer todas as tentativas possíveis para que eles as realizem?

A ESPERTEZA DO "VOCÊ É O MAIOR"

Trata-se de uma variação da síndrome de "agradar ao chefe". Os subordinados incensam o ego do chefe, seu orgulho e seus conhecimentos. "O senhor é que entende desse tipo de análise de tensões, Sr. Jones. Não posso realizar esse trabalho tão bem quanto o senhor. Que devo fazer?" Ou então: "Você é a melhor contadora da companhia, Jane. Diga-me como devo analisar estes custos." Esses estratagemas são tão sutis quanto um pontapé nas canelas. Mesmo assim, certos administradores ficam tão lisonjeados que se esquecem das boas técnicas de delegação para se comprazerem com a estima de seus subordinados. Esteja sempre alerta para esse tipo de esperteza. Neutralize tais perguntas, dizendo: "Acho melhor você aprender onde encontrar essa informação, para a eventualidade de precisar dela quando eu não estiver aqui." Ou: "Aprendi contabilidade de custos com a prática. Acho que você também deve fazer assim."

SEM TEMPO PARA DIZER "ALÔ"

Alguns de seus funcionários resistem às tarefas delegadas porque estão "muito ocupados". Poucas pessoas num escritório realmente têm trabalho demais. Muitas outras, mesmo em cargos atraentes, como pilotos de avião, são protegidas pelos contratos. É mais provável que elas percam grande parte do tempo, controlem mal o tempo de que disponham e não deleguem tarefas a seus subordinados.

Não se pode fazer muita coisa com as pessoas que trabalham sob contrato. Delas deve ocupar-se o seu negociador de relações trabalhistas. Ao lidar com uma delas, basicamente, você tem de convencê-la das vantagens que terá em ser um delegado e cooperar. Esse assunto foi bem examinado em capítulos anteriores, que você deve reler quando esse problema surgir.

O PROBLEMA DA DELEGAÇÃO EXCESSIVA

O gerente do escritório de vendas para a Costa Oeste de uma companhia de produtos de papel tinha um assistente muito competente. Delegou tarefas a esse assistente, e se sentia satisfeito com os resultados. Aos poucos, foi delegando uma parte cada vez maior de suas funções. Verificou que não precisava mais chegar cedo ao escritório, nem ficar até tarde. Aprovava automaticamente as decisões do assistente, assinalava os formulários necessários, conversava com os vendedores de tempos em tempos, mas confiava ao assistente a maior parte das tarefas de administrar o escritório.

Estaria esse gerente simplesmente seguindo a regra de "delegar tudo"? Não conseguia, com isso, bastante tempo para preparar os planos? O que, exatamente, estava errado? Esse administrador cometeu vários erros. O problema não foi a delegação de grande número de tarefas. É que ele não usou devidamente uma das grandes vantagens da delegação – o tempo ganho com ela. Deixou de se ocupar com a orientação e o planejamento que eram exigidos por seu cargo. Enquanto o escritório funcionava bem, ele não se preocupou em planejar para o futuro, em descobrir novos mercados ou melhorar as técnicas de venda. No fim, perdeu contato com as operações cotidianas, a ponto de não poder mais assumir essas importantes funções administrativas.

A delegação excessiva significa, em certos casos, que você delegou certas tarefas que deveriam ser executadas por você mesmo. Por exemplo, o gerente de reclamações de uma grande loja de departamentos reuniu seus funcionários para examinar melhores abordagens das relações com o público. Várias propostas foram feitas. No final da reunião, o gerente disse: "Acho que a discussão foi proveitosa. Peço-lhes que voltem aos seus postos e coloquem tais idéias em prática, tal como lhes pareça oportuno."

Esse gerente estava delegando decisões de política que ele mesmo deveria ter tomado. Não poderia ter deixado aos funcionários decisões que deveriam depender da política da companhia, como por exemplo devoluções de dinheiro, substituição de mercadorias, créditos e aceitação de cheques. Na verdade, cada funcionário podia tomar decisões que entrariam em choque com outras ou que seriam diferentes para cada cliente. Foi um caso evidente de delegação excessiva. Releia o Capítulo 3, que fala das tarefas que não devem ser delegadas. Tenha o cuidado de aplicar os testes a cada atribuição que você faz. Trata-se de uma política geral? De uma questão relacionada especificamente com o pessoal? Ou será confidencial?

Outro sintoma da delegação excessiva surge quando você atribui aos subordinados tarefas que exigem demais deles, ou para as quais não foram preparados. Procure estabelecer um equilíbrio. A delegação deve ser um desafio, deve ampliar a capacidade do delegado, mas não fazer com que as pessoas tentem chegar mais longe do que podem. Procure observar cuidadosamente o conhecimento, a experiência e o potencial das pessoas. Embora as novas tarefas sempre exijam um esforço extra, ninguém foi ainda capaz de transformar chumbo em ouro – mas não foi por falta de tentar!

Qualquer delegação pode tornar-se excessiva se você negligenciar os controles adequados. Os próximos capítulos examinam essa questão com detalhes. Lembre-se de que, por mais que você delegue, jamais poderá livrar-se da responsabilidade final pelos resultados.

7

A PSICOLOGIA DA DELEGAÇÃO

Sam Brown era supervisor de produção de um fabricante de ferramentas elétricas e pneumáticas. Sua companhia planejava introduzir um novo produto, um compressor a bateria. Era necessário preparar esquemas de produção e de fornecimento. Além disso, alguém teria de acompanhar o produto em suas primeiras fases de produção para solucionar quaisquer problemas que surgissem. Como estava muito ocupado com suas atribuições normais, Sam achou que essa seria uma boa oportunidade de delegar tarefas.

Chamou seu gerente assistente, Pete Rogers, e lhe disse que ficaria encarregado da produção de compressor. Os dois vinham trabalhando em estreito contato, de modo que Pete já tinha boa idéia sobre a tarefa. Disse que se sentia confiante ao enfrentá-la. Conversaram sobre os objetivos do trabalho, especularam a respeito de possíveis problemas, estabeleceram prazos e concordaram quanto aos controles que manteriam Sam informado sobre a realização da tarefa.

Foi uma tarefa delegada de maneira adequada. Tanto o preparo como a execução da delegação realizaram-se com facilidade. Mas vamos agora dar uma olhadela dentro da cabeça de Sam Brown, depois que Pete deixou a sua sala. Vemos uma mistura de emoções conflitantes:

- *Culpa*: "Pete já tinha muito trabalho. Essa nova tarefa provavelmente será esgotante para ele."
- *Medo*: "E se ele fracassar? Isso terá má repercussão também sobre mim. Eu sofrerei as conseqüências. Posso perder o emprego."
- *Inveja*: "Mas Pete é um sujeito esperto. E se ele tiver um êxito muito grande? Isso poderá servir de motivo para comparação depreciativa comigo."
- *Preocupação*: "Gostaria de fazer isso eu mesmo. Não me sinto bem delegando essa tarefa. Sei que *alguma coisa* sairá errada."
- *Desconfiança*: "Talvez Pete tente propositadamente me deixar mal. Que será que ele realmente pensa?"
- *Conflito*: O chefe de Sam chamou-o no dia seguinte e disse que a seção de *marketing* queria lançar o compressor uma semana antes do que fora

previsto no plano original. Sam concordou em que isso era possível. Mas então se sentiu dividido entre o desejo de satisfazer seu chefe e colocar maior pressão sobre o subordinado.

Embora sendo experiente em delegação, Sam foi vítima dessas emoções. Mas, devido à sua experiência, não deixou que elas o levassem ao pânico. Resolveu-as, deixando que Pete continuasse a tarefa. Em conseqüência, o novo produto saiu da linha de montagem sem qualquer problema.

DELEGAÇÃO E ESTRESSE

Esse caso ilustra um fato importante sobre a delegação: ela não é um mar de rosas. Culpa, medo, inveja, preocupação, conflito, desconfiança, mais as frustrações inevitáveis que você enfrentará ao acompanhar o avanço do trabalho feito por seu subordinado, e mais ainda a pressão do prazo – o resultado será o estresse. Como eliminar o estresse relacionado com a delegação? Impossível. Pode-se amenizá-lo. Pode-se aprender a conviver com ele. Mas não podemos livrar-nos dele totalmente, a menos que abandonemos de todo a delegação. É parte do preço que se paga para ser um administrador.

Assim como qualquer problema perde sua ferocidade quando examinado melhor, assim também o exame de alguns dos componentes do estresse de delegação o ajudarão a domesticar esse monstro:

CULPA

Volte atrás e leia o capítulo intitulado "Por que delegar?". Podemos dizer, em suma, que a delegação eficiente beneficia a todos: você, seu subordinado e sua organização. Enquanto Sam se sentia culpado por sobrecarregar seu assistente, Pete Roger talvez estivesse comemorando a boa sorte de ter recebido uma nova responsabilidade.

MEDO

O medo freqüentemente diminui ao ser examinado mais de perto. Primeiro, reconheça que está preocupado. E você tem todo o direito de estar. Em seguida, identifique exatamente a razão de sua preocupação – a possibilidade de um mau resultado. Finalmente, analise realisticamente o medo. Por exemplo, o medo faz com que Sam fique horrorizado à possibilidade de perder o emprego – o pior resultado possível. A análise cuidadosa, porém, mostra-lhe que, por pior que as coisas corram com esse projeto, tal resultado é muito pouco provável.

Em seguida, ele conclui que o pior resultado possível é uma crítica severa que possa prejudicar-lhe a carreira. Avaliação realista: levando-se em conta os controles estabelecidos, a experiência e a competência de Pete, e a compreensão que seu chefe tem da necessidade de preparar administradores por meio da delegação, também esse resultado é tão improvável que não merece que se perca tempo com ele. Por fim, Sam conclui que o pior resultado que pode prever seriamente – um sério problema de produção que exija longas horas para ser solucionado – não constitui séria ameaça. Em primeiro lugar, por ser improvável. Poderá ser solucionado, se ocorrer. O medo, então, desaparece.

INVEJA

O problema desse sentimento é ser, freqüentemente, disfarçado. Alguns administradores se abstêm de atribuir determinadas tarefas a certos subordinados porque dizem que não os consideram capazes de enfrentar tais responsabilidades. O que querem realmente dizer é que têm medo de que o subordinado se saia bem demais.

Comece desenterrando esse sentimento. Questione sua repetida recusa em delegar tarefas desafiadoras a um subordinado. Em seguida, examine seus interesses pessoais. Será que você pode ter alguma vantagem com o sucesso dessa pessoa? Verá que a inveja não tem fundamentos racionais. Ela desaparece. Você nota que seu lucro com a delegação bem-sucedida será pelo menos tão grande quanto o de seu subordinado.

PREOCUPAÇÃO

A preocupação é o medo do desconhecido. Você se sente preocupado e apreensivo, mas não pode dizer exatamente por quê. Como é incapaz de identificar o objeto de sua preocupação, ao contrário do que pode fazer com o objeto de seu medo, ela é mais difícil de superar. Lembre-se, porém, de que certa dose de preocupação é algo positivo. Deixa-o alerta e observador, mantendo-o vigilante. E a preocupação também pode ser um sinal de advertência de que você deixou alguma coisa por fazer. Estará o subordinado realmente preparado para a tarefa? Serão adequados os controles que você adotou? Um exame cuidadoso da maneira pela qual você seguiu as técnicas da delegação poderá ajudar a reduzir um pouco da preocupação excessiva.

CONFLITO

Por vezes você sente como se estivesse entre a cruz e a caldeirinha. O subordinado explica que precisa de mais alguns dias para terminar uma tarefa que lhe foi delegada por você. Seus motivos são razoáveis. Mas seu chefe quer o trabalho "para ontem, ou antes". Como você delegou a tarefa, é você que está entre os dois.

Eis a possibilidade de justificar seu salário de administrador. Por vezes, você tem de ser diplomata, pedindo paciência ao seu chefe enquanto pressiona os subordinados para que intensifiquem seus esforços. Em outras ocasiões, você terá de defender decididamente os subordinados, protegendo-os da pressão vinda de cima. Você concordou com um prazo, e uma mudança em meio à tarefa prejudicaria o processo de delegação, O êxito desse processo, e de futuras delegações, depende do apoio que você der ao delegado. Isso pode deixá-lo em posição tão pouco cômoda quanto a do sujeito que recebeu a incumbência de carregar 10 toneladas de canários num caminhão de cinco toneladas. Ele conseguiu realizar o trabalho, mas teve de mandar um delegado bater no alto do caminhão com um porrete, a fim de manter metade dos canários voando todo o tempo. Mas quem disse que administrar era fácil?

CONFIANÇA: PEDRA FUNDAMENTAL DA DELEGAÇÃO

Toda delegação fundamenta-se na confiança. Mas a confiança está longe de ser um processo psicológico simples. Pode exigir anos para se formar, ou ser destruída num minuto. A confiança cria a exigência, tanto para o administrador como para o subordinado, de se superarem a si mesmos. Ela não exige concordância nem mesmo um relacionamento cordial. Mas não há substituto para ela, não se pode fingi-la, não se pode comprá-la. Tem de ser conquistada.

Tanto a confiança como a desconfiança alimentam-se de si mesmas. "A única maneira de tornar alguém digno de confiança é confiar nele, e a maneira mais certa de torná-lo indigno de confiança é desconfiar dele e mostrar essa desconfiança", disse o estadista Henry Simon.

A Ilustração 4 mostra como tanto a confiança quanto a desconfiança são representadas em espirais. Com muita freqüência, os administradores "sabem" que não podem confiar no seu pessoal. Vêem nos subordinados demonstrações de apatia, reserva e hostilidade. O que não vêem é que a situação vem tanto de sua própria falta de confiança quanto da incorrigibilidade inata de seus funcionários.

Como mostra a Ilustração 4, sua confiança estimula os subordinados a conseguirem resultados que confirmem a idéia que você faz deles. Inversamente, a desconfiança os estimula a agirem de maneiras que resultam em fracassos, confirmando desse modo sua desconfiança.

Mas confiança não significa fé cega. Não se trata de você abandonar o controle. Nem de ser tolo. Nem de diminuir seu poder. Ao tornar possível a delegação, a confiança aumenta seu poder. Ao desestimular a retenção de informação e ao eliminar dúvidas sobre os motivos, a confiança libera uma organização, permitindo-lhe maior eficiência.

Ilustração 4: *As Espirais da Confiança e Desconfiança*

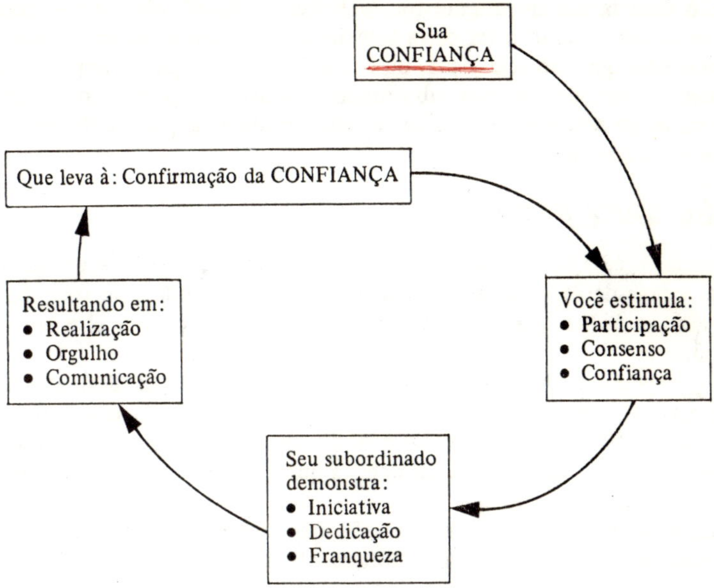

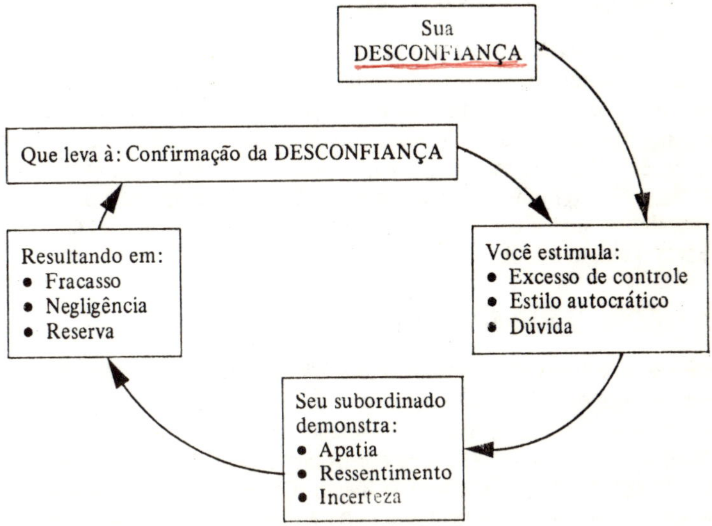

MÉTODOS COMPROVADOS DE MELHORAR A CONFIANÇA

Diz o especialista em administração Rufus E. Miles: "Ou você se decide, como administrador, a ter certa tolerância para com decisões tomadas de uma forma que não seja a sua, ou deixa de fazer delegações importantes." Aceite os métodos de seus subordinados. Insistir em que as coisas devem ser feitas ao seu jeito é sufocar no nascedouro qualquer confiança entre você e seu pessoal.

APÓIE AS DECISÕES DELES

Embora você não tenha de concordar sempre com seus subordinados, nunca deve deixá-los ao sabor dos ventos. Eles dependem de você. Se você não apoiá-los quando precisam disso, a confiança que têm em você diminuirá.

Veja o caso de uma compradora de uma grande cadeia de lojas. Ela delegou a um assistente a tarefa de estocar certos artigos para uma promoção que ia ser feita. Embora tivesse concordado com o assistente quanto aos objetivos gerais, deixou a cargo dele as quantidades específicas. A promoção teve tanto sucesso que esgotou o estoque comprado pelo assistente. Quando o vice-presidente de vendas se queixou à compradora da falta de estoque, ela disse: "Deixei isso totalmente a cargo de George. É melhor falar com ele." Como George poderá sair-se bem de futuras delegações? Terá interesse em assumir novas responsabilidades de decisão?

NÃO INSISTA EM CRITICAR OS ERROS

Os erros são quase sempre gritantes, enquanto os acertos são silenciosos. Quando os subordinados reconhecem os erros cometidos, não insista neles. Ressalte o positivo. Procure alguma coisa que tenham feito com acerto, e cumprimente-os por isso. Depois, corrija e mostre como os erros deviam ter sido evitados. Da mesma forma, focalize os esforços, não as circunstâncias. Se, por exemplo, um subordinado faz uma proposta que você sabe ser excelente, mas é arbitrariamente rejeitada por um cliente, faça ao funcionário o elogio que lhe é devido, apesar da rejeição.

NÃO ESPIONE OS SUBORDINADOS

Onde traçar a linha entre espionar e simplesmente controlar? Não é fácil. Fazer indagações discretas entre os companheiros de trabalho sobre a maneira pela qual um funcionário se está saindo numa tarefa que lhe foi atribuída será espionar? Ou será controlar? Você deve ter cuidado com a maneira pela qual enfrenta essa situação. Quando possível, pergunte diretamente a seu subordinado. Uma coisa é certa: mandar que alguém fique especificamente de olho num subordinado é dar início a um ciclo de desconfianças.

NÃO RETENHA INFORMAÇÕES COMO TESTE

Tome o exemplo seguinte: um gerente de pessoal pediu ao seu assistente que examinasse a ficha de um candidato ao cargo de engenheiro. Com esforço considerável, o assistente verificou que o candidato havia falsificado algumas de suas qualificações acadêmicas. Escreveu um relatório para o chefe, acreditando ter feito um bom trabalho. Quando mencionou a informação, o chefe respondeu: "Sim, sei que ele falsificou o diploma. Só queria ver se você ia descobrir isso."

Alguns administradores acham que, ao adotarem essa posição de superioridade, estão mantendo os subordinados em cheque. Mas não é assim. Isso simplesmente destrói a confiança necessária à delegação eficiente. Os subordinados devem começar qualquer tarefa delegada tendo a convicção de que, na medida do possível, dispõem de todos os dados conhecidos por você. A retenção de informações leva-os a fazer indagações e impede que confiem plenamente em você.

SEJA FRANCO

Deixe que seus subordinados vejam seu lado humano. Você comete erros. Algumas de suas idéias geniais acabam sendo, muitas vezes, apenas idéias. Você fica irritado. Passa a agir em certos dias como se tivesse levantado com o pé esquerdo. Mostrar francamente os seus sentimentos – sem deixar, é claro, que eles o dominem – mostra ao seu pessoal sua sinceridade, mostra que você é humano. Eles sentem que podem confiar em você, pois o conhecem.

A franqueza é particularmente importante quando você trata diretamente com seus subordinados. Se você está irritado, frustrado, decepcionado, entusiasmado – mostre-o. Seus funcionários perceberão seus sentimentos por sua atitude e expressão corporal. Se você disfarçá-los, eles nunca saberão com certeza como você se sente. A pessoa que explode ocasionalmente desperta muito mais confiança do que a outra que reprime sempre as explosões. E suas reações ante os acontecimentos serão mais bem sentidas se forem previsíveis. Quando você explode uma vez em conseqüência de um erro, e da vez seguinte o recebe com um sorriso forçado, isso torna as coisas muito mais difíceis para os subordinados. Eles nunca sabem o que esperar. Você deve procurar reagir da mesma forma ante os mesmos acontecimentos, embora tentando continuar a ser humano.

DEIXE CLARO O QUE VOCÊ ESPERA

Deixe claro, antecipadamente, o que você espera. Comunique. Verifique se você e seu subordinado estão falando a mesma linguagem antes de delegar uma tarefa. A confiança não pode ser construída à base de discussões depois dos acontecimentos, ou de críticas posteriores. Uma clara manifestação do que é esperado contribui para a confiança mútua.

DEMONSTRE RESPEITO

A confiança exige que você exerça a cortesia. Não se apegue às formas ocas da autoridade ou da posição. Dizer "por favor" e dar às ordens a forma de pedidos são atitudes básicas. Se você disser: "Reveja este relatório, está horrível", pode provocar os mesmos resultados que dizendo: "Este relatório parece bom, mas você acha que seria capaz de reescrevê-lo para lhe dar melhor redação?" A segunda atitude, porém, contribui para a confiança, enquanto a primeira a enfraquece. Da mesma forma, não se apóie nas prerrogativas de sua posição. Não deixe os subordinados de pé enquanto você fica sentado. Não deixe que esperem desnecessariamente por uma "audiência". Não os interrompa desnecessariamente. Não "mostre importância" para satisfazer o seu ego.

NÃO MANIPULE

Alguém tem de lavar o banheiro. Mas veja a situação na qual o chefe chama o seu subordinado e diz: "Al, vamos promover você a chefe da engenharia sanitária. Não há aumento de salário, mas você terá uma grande oportunidade de conhecer toda a fábrica. Aqui está seu pano de chão." A resposta mental que Al dá a esse tipo de manipulação de uma atribuição talvez não possa ser impressa. E essa resposta certamente não revelaria confiança no chefe. Trabalho desnecessário, restrições mesquinhas adotadas apenas para disciplinar os subordinados e reserva em relação a coisas importantes para a companhia são formas de manipulação. Seja sincero e deixe que as informações circulem livremente.

EXAMINE AS SUPOSIÇÕES

Alguma vez você já se surpreendeu pensando que:

- "As pessoas sempre procuram a solução mais fácil."
- "Eles não sabem o que realmente querem".
- "Eles não compreendem o que é bom para eles."
- "Entregue a si mesma, a maioria dos trabalhadores é preguiçosa."

Essas são algumas suposições que podem prejudicar a confiança. Se você achar que seus subordinados estão simplesmente procurando a saída mais fácil para qualquer situação, como poderá confiar neles, ao delegar? Essas suposições são exatamente aquelas que se transformam em profecias auto-realizadoras. Lembre-se das espirais da confiança e desconfiança.

Os mesmos tipos de suposições aplicam-se às pessoas. Se você prega um rótulo em cada um de seus subordinados – um é "preguiçoso", outro é "criador de casos", um terceiro é "descuidado" –, então passa a reagir em função desse rótulo, não das pessoas. Isso acaba com a confiança e torna muito mais difícil delegar tarefas.

OS ESTILOS PESSOAIS AFETAM A DELEGAÇÃO

Quando você reconhecer que os estilos pessoais de operação afetam a maneira de delegar tarefas, estará em condições de melhorar a eficiência com que as delega. Veja o caso do gerente de uma companhia de caminhões de transporte que se queixava de um de seus despachantes: "Todas as vezes que dou um trabalho a Dave, ele sempre alega que não tem condições de fazê-lo, que lhe falta o conhecimento, ou a habilidade. E, apesar disso, até agora ele teve poucos problemas com as tarefas que lhe deleguei."

"Eu sei", disse o colega desse gerente. "Dave é assim mesmo. Parece não ter muita confiança em si mesmo, mas consegue fazer o trabalho. Tudo de que precisa é que lhe transmitam um pouco de confiança."

Todo subordinado deve ser tratado como uma pessoa. Alguns gostam de discutir. Outros têm uma profunda tendência analítica: não concordam em que é quinta-feira até olharem no calendário, depois examinam bem para verem se a folhinha é do ano. Alguns agem por impulsos, outros querem todos os fatos. Há quem se decida facilmente, enquanto para alguns a decisão só chega depois de um exame exasperante das contingências. Algumas pessoas são levadas por apelos à razão, outras reagem principalmente às emoções.

A pior coisa que você pode fazer é classificar todo o seu pessoal numa categoria única e usar o mesmo estilo de administração para cada funcionário. Para alguns deles, será necessário apresentar os fatos na ordem precisa e mostrar-lhes aonde devem chegar, e por quê. Outros precisam apenas de uma visão geral da situação, mas devem ser estimulados à ação por seu entusiasmo e sua participação emocional.

Lembre-se também de que você tem seu estilo próprio de administração, que lhe é natural. Terá de aprender a variá-lo de acordo com as pessoas e a situação. Se sua tendência é emocional, tenha o cuidado de não perder o controle. Se for frio, terá de encontrar um pouco de entusiasmo para se inspirar, quando necessário. Se há um furacão, você pode ter de agir de maneira autoritária e mandar que todos desçam para o porão. Se você está planejando o piquenique da companhia, pode adotar um estilo democrático. Preste atenção aos fatos e às análises, também. Se for do tipo extremamente decidido, procure evitar imposições aos subordinados. Deixe que eles mesmos tomem suas decisões. Se você é apreciador de detalhes, não perca de vista o quadro geral, ao delegar uma tarefa.

De acordo com Robert Heller, no livro *The Supermanagers* (Nova York, E. P. Dutton, 1984), na Texas Instruments, os dois chefões perderam de vista o quadro geral. Dedicaram demasiada atenção aos detalhes, como o computador a que tinha direito cada gerente de operações. O excesso de controle ocorreu numa companhia notável por suas inovações, de alto a baixo, e contribuiu para dois grandes fracassos num período de poucos anos: os relógios digitais e os computadores domésticos. Eles não foram capazes de ver a floresta, pois estavam distraídos com as árvores.

MOTIVAÇÃO: QUE DESEJAM OS SUBORDINADOS?

Uma pesquisa realizada pelo Instituto de Relações Trabalhistas entre mais de 10 mil empregados e supervisores levou a resultados interessantes. Perguntou-se aos empregados quais os cargos da fábrica que consideravam mais importantes. Aos supervisores, perguntou-se quais os fatores que, na sua opinião, os empregados consideravam importantes. Os supervisores relacionaram os "bons salários" como a consideração mais vital para seu pessoal, seguidos de "segurança no emprego". Os trabalhadores, por sua vez, consideraram a "boa apreciação do trabalho feito" como o fator mais importante, vindo em segundo lugar "um sentimento de participação".

Essa pesquisa indica que muitos administradores têm uma idéia errônea sobre o que realmente motiva seu pessoal. O famoso psicólogo Abraham Maslow sugeriu que as necessidades que motivam as pessoas podiam ser classificadas, por sua importância, da seguinte maneira:

1. Necessidades materiais (alimentação e abrigo)
2. Segurança (ausência de risco)
3. Integração (ser parte de um grupo)
4. Consideração (posição e realização)
5. Autopercepção (compreensão da própria natureza)

Maslow afirmou que as necessidades básicas motivam primeiro. Quando satisfeitas, então as necessidades superiores começam a motivar. Um homem com fome provavelmente não se empenhará muito para conquistar um prêmio de bom cidadão. Primeiro, vai procurar alguma coisa para comer. Depois de ter conseguido um abastecimento seguro de alimentos, a fome já não lhe serve de motivação; em lugar dela, a segurança é que se torna seu objetivo principal. Quando está seguro, a participação passa a ser a principal motivação, e assim por diante.

Os supervisores, portanto, tendem a considerar as necessidades básicas como sendo importantes para seu pessoal. Os níveis de salário e a segurança no emprego enquadram-se na área geral de necessidades materiais e de segurança. Mas o que os trabalhadores realmente consideram importante para eles – a apreciação e a participação – pertence às necessidades mais elevadas de integração e consideração. Essa é uma boa notícia para os administradores que vão delegar tarefas. As necessidades básicas de sustento e segurança de seus empregados foram atendidas. A delegação apela diretamente para as necessidades de estima e integração, que são mais elevadas na pirâmide de Maslow, e que passam a ser motivadoras uma vez satisfeitas as necessidades básicas. Você, como delegador, deve lembrar-se desses conceitos de motivação ao examinar a psicologia do processo.

DEFINIÇÃO DA TAREFA

Uma das maneiras de usar, na prática, a hierarquia das necessidades estabelecida por Maslow, para motivar seu pessoal, está na forma pela qual você define as funções de cada subordinado seu. Compare, por exemplo, como dois supervisores diferentes começam a delegar a um subordinado a tarefa de examinar os processos de controle de qualidade:

> *Gerente A*: "A empresa deseja mais um desses relatórios de controle de qualidade. Não sei por quê. Você terá de percorrer os pontos de inspeção e anotar os processos usados em relação a todos os produtos que por eles passam."
>
> *Gerente B*: "Nossos clientes estão particularmente interessados em qualidade. E, no mercado de hoje, é muito importante para a companhia ter uma reputação de alta qualidade. O que acho que podemos fazer, agora, é encontrar maneiras de melhorar o controle de qualidade, revendo os atuais processos."

Qual a diferença? O Gerente *A* não apela para a integração, nem para a realização. Ele não apresenta a tarefa como parte de um esforço conjunto de toda a companhia no sentido de oferecer produtos de qualidade, mas sim como outra ordem que vem "da empresa". Não ressalta os resultados que o subordinado deve obter, mas começa logo falando do método. A única motivação que ele oferece é a ameaça implícita de uma censura se a tarefa não for concluída de maneira satisfatória.

O Gerente *B*, em poucas palavras, apresenta a mesma tarefa sob uma luz totalmente diferente. Primeiro, diz ao subordinado qual a importância da tarefa. Insere-a no contexto dos esforços gerais de todos os membros da companhia. Depois, mostra os resultados específicos que devem ser buscados e atingidos. Seu subordinado terá dupla motivação: primeiro, granjear a estima e a posição proporcionadas pela realização de um objetivo importante; segundo, sentir orgulho por participar no trabalho conjunto da firma, melhorando nesse processo a reputação da empresa.

O PAPEL DA EMPRESA NO ENVOLVIMENTO

Nos últimos anos, muitas companhias reconheceram o valor de proporcionar aos empregados uma visão mais ampla da significação que têm suas funções e do papel que desempenham no funcionamento geral da empresa. Seus esforços no sentido de envolver os empregados por meio de comunicações mais completas e de maior participação foram compensados pelo aparecimento da motivação, que pôde ser usada pelos administradores, particularmente ao fazerem delegações.

A Pitney Bowes, Inc., a maior fabricante de máquinas postais, acredita que uma melhor comunicação torna seu pessoal mais eficiente em tudo o que faz, inclusive na delegação e na realização das tarefas delegadas. Em toda primavera, a companhia promove uma série de encontros, primeiro na sede, depois em suas fábricas e escritórios. Todos os diretores, gerentes e empregados têm a oportunidade de participar desses encontros.

Eles são presididos por pessoal qualificado da Pitney Bowes e por um painel de empregados selecionados, denominado Conselho de Relações de Pessoal. Toda reunião começa com uma rápida apresentação dos resultados obtidos pela companhia no ano passado e de seus planos para o futuro. Em seguida, há uma sessão de duas horas a duas horas e meia, dedicada às perguntas dos presentes. Tais perguntas podem ir desde problemas relacionados com a comida da cantina até os salários. Os empregados podem apresentar suas perguntas por escrito ao Conselho, antes da reunião. *Todas* as perguntas são respondidas. Aquelas que puderem ser embaraçosas para alguém pessoalmente são respondidas fora da reunião, se seu autor tiver assinado o nome no formulário.

Para as perguntas que nem os funcionários graduados nem o Conselho podem responder no momento, por falta de informações, a companhia publica o folheto "Voltando a falar com você", distribuído aos empregados. Para melhorar ainda mais o fluxo de informações, o Conselho reúne-se a cada dois meses, promovendo encontros interdepartamentais.

Quando perguntamos qual o objetivo dessas reuniões, um empregado respondeu com entusiasmo: "É um bom processo de comunicação e nos dá a oportunidade de apresentar nossas opiniões." Trata-se de uma técnica de comunicação nos dois sentidos – de baixo para cima e de cima para baixo –, que permite a todos da companhia manifestarem-se num ambiente onde o fluxo aberto de informações é a norma, não a exceção.

Esse ambiente promove melhores resultados para administradores e administrados, em particular na área da delegação.

Embora sua companhia possa não ter um programa semelhante, você pode desenvolver, em sua própria área, técnicas menos formais, que criem a atmosfera e as atitudes capazes de tornar mais eficientes suas técnicas de delegação.

POR QUE A PARTICIPAÇÃO CONSEGUE RESULTADOS

"O trabalho é aquilo que o corpo é obrigado a fazer, e o jogo é aquilo que o corpo não é obrigado a fazer", disse Mark Twain. Vemos esse princípio em ação quando se trata de passatempos. As pessoas passam horas "trabalhando" num jardim, programando um computador doméstico, mexendo numa oficina ou criando complicados bordados. Winston Churchill adotou, como recreação, até mesmo a atividade de pedreiro.

Por que essas atividades praticadas nos momentos de lazer provocam entusiasmo e dedicação, ao passo que o trabalho remunerado numa empresa tende a provocar indiferença? Como nota Mark Twain, as pessoas são obrigadas a trabalhar. Quando não o são, até mesmo a mesma atividade se transforma em prazer.

O problema é fazer com que seu pessoal traga às tarefas relacionadas com o trabalho profissional a mesma motivação que tem em suas atividades de lazer. Parte da solução está na participação. Embora você não possa dar a seus subordinados total liberdade de decisão, quanto maior a participação que eles tenham na fixação de metas e na criação de métodos próprios, mais motivados se sentirão.

Vejamos o caso de duas equipes de produção de uma fábrica de equipamentos eletromecânicos para a indústria de computadores. O supervisor de uma das equipes fixa como meta a produção de 75 componentes por mês. Seu grupo produz 72. O supervisor do outro grupo reuniu-se com seu pessoal para discutir quantos componentes achavam que poderiam fazer. Fixaram sua meta em 82 unidades e na realidade produziram 85. A diferença? Participação.

Há um outro ângulo na prática de se permitir às pessoas que fazem o trabalho participar das decisões sobre a maneira de fazê-lo. Na fábrica da General Motors em Tarrytown, no Estado de Nova York, os engenheiros industriais da empresa haviam usado estudos de tempo e movimentação para determinar como os trabalhadores da unidade de portas de carros deviam fixar o fio cromado à sua volta. Os engenheiros sabiam que o número de movimentos necessários para esse trabalho diminuía quando se instalava primeiro o parafuso superior, e os demais em seqüência, partindo de cima para baixo.

Mas um trabalhador mostrou a seu supervisor que, se fosse instalado em segundo lugar o parafuso de baixo, os buracos da fita cromada se ajustariam automaticamente aos buracos da estrutura da porta. A técnica poupava muitos segundos em relação ao método imaginado pelos engenheiros. Os diretores da General Motors aprovaram a modificação. O número de fios cromados instalados por hora aumentou, não só devido ao novo método, como também ao melhor estado de espírito provocado pela participação dos trabalhadores nas decisões sobre o processo. Os chefes não têm o monopólio do conhecimento, o qual também pode ser encontrado, e em grande volume, na própria oficina de trabalho.

Também é útil dar aos subordinados um senso de participação nas decisões que, a longo prazo, afetam suas carreiras. Pergunte a seus funcionários: Até onde você pretende chegar? Que quer fazer daqui a dois, três ou cinco anos? Que áreas de seu trabalho têm maior interesse para você? Quais os conhecimentos que gostaria de adquirir? Além de lhes proporcionar um sentimento de participação, essa discussão pode mostrar novas áreas nas quais será possível delegar tarefas.

O TERRITÓRIO DE CADA UM E SUA PRESERVAÇÃO

Os psicólogos comprovaram que os seres humanos têm, em comum com outros animais, um sentimento de territorialidade. Isto é, as pessoas se sentem confortáveis e seguras dentro de seu território, e o protegerão vigorosamente. Reagem às tentativas de invasão, como os animais. Você mesmo sabe como se sente quando alguém usa sua sala, sem lhe pedir autorização, em sua ausência. Ou entra em sua casa sem ser convidado. Você sente que seu território foi violado.

Delegar é uma forma de permitir que seus subordinados demarquem os respectivos "territórios". Você lhes diz: "Você é o dono da bola, faça como lhe parecer melhor. Receba os elogios pelo que fizer." O subordinado assume a tarefa. Você lhe deu espaço para trabalhar, para tomar decisões. Há um paralelo interessante nas comunas agrícolas chinesas. A contragosto do governo central, os trabalhadores produziam mais nas glebas menores que lhes eram dadas para uso pessoal do que nas terras comunais, muito maiores e supostamente mais eficientes. Eles cuidavam melhor das colheitas e produziam mais porque o território era seu.

O conceito de territorialidade fala em favor da boa delegação. Delineie para os subordinados áreas de responsabilidade distintas. Dê-lhes espaços para tomar decisões. Não invada o território deles com interferências desnecessárias. Deixe que desfrutem dos resultados de seu trabalho em suas respectivas áreas.

REGRAS PRÁTICAS

Quanto mais você delegar tarefas, mais depressa desenvolverá o senso da psicologia da delegação. As regras práticas que damos a seguir ajudarão você a agir corretamente, enquanto se desenvolvem seus instintos de delegação:

- Poder por meio dos outros, e não sobre os outros.
- A confiança traz a confiança.
- Não manipule, motive.
- Dê-lhes espaço.
- Elogie em público, critique em particular.
- A realização estimula, o medo inibe.
- A participação ajuda a motivação.
- Comunique-se, em lugar de provocar o confronto.

8

CONTROLE DOS RESULTADOS

"A delegação, sem o acompanhamento, é uma abdicação", diz Andrew Grove, presidente de uma das melhores companhias do Silicon Valley, a Intel Corp., em seu livro *High Output Management*. "Você nunca pode lavar as mãos de uma tarefa. Mesmo depois de delegá-la, continua responsável por sua realização."

Grove acertou em cheio num importante paradoxo da delegação: você atribui uma tarefa a um subordinado e ainda assim continua responsável por sua conclusão. O paradoxo é resolvido pelo controle. O controle é mais que apenas um aspecto importante da delegação. Essas duas ferramentas administrativas constituem um par inseparável. A delegação poderia ser comparada ao vento que mantém o papagaio no ar. Mas sem o fio – o controle – o papagaio vagaria descontrolado e cairia sem demora.

QUE É CONTROLE?

A palavra controle tem dois significados correlatos. O primeiro é "restringir". Nós controlamos nossas emoções. Os freios controlam a velocidade do corpo. O segundo significado é "checar ou verificar". Em inglês, o diretor financeiro, ou tesoureiro, de uma empresa é chamado de *controller*, ou controlador, exatamente porque checa e fiscaliza o fluxo monetário dentro da companhia.

Na administração, e na delegação em particular, os controles têm habitualmente o segundo significado. Usando controles, você não tenta restringir o subordinado a quem delegou uma tarefa. O que você faz é verificar o progresso da tarefa, assegurar-se de que ela está sendo bem-feita. Lembrando-se disso, você não irá sufocar seus funcionários com controles claramente restritivos.

O OBJETIVO DO CONTROLE

Os controles não são sutilezas burocráticas, nem formalidades que lhe permitam cobrir a retaguarda. São, isto sim, um meio de atingir resultados.

Por si mesmos os controles são tão inúteis quanto a delegação de um trabalho inútil. São como dirigir o carro com um pé no acelerador e outro no freio.

Os controles proporcionam resultados de muitas maneiras. Alguns porque medem a atividade em relação a uma medida padrão. Por exemplo, um orçamento de operações compara a despesa real com a despesa planejada. Um esquema de produção compara o ritmo real de trabalho com o ritmo planejado. Em ambos os casos, há uma indicação do progresso em direção aos resultados. Em ambos os casos, há uma organização e uma coordenação das atividades a fim de promover a eficiência. E ambos os casos chamam a atenção para desvios que afastarão a empresa das metas desejadas.

Outros tipos de controles orientam as atividades a longo prazo. Um orçamento de capital, por exemplo, projeta os investimentos importantes dentro do prazo de um ano ou mais, de modo que a companhia possa obter a expansão desejada dentro de sua capacidade financeira. Um plano de *marketing* permite a produção racional e a promoção de novos produtos.

Os controles permitem um acompanhamento que mantém as atividades no melhor caminho rumo aos resultados desejados. O manômetro da caldeira indica que a pressão está subindo. Um trabalhador diminui o calor. A caldeira volta à pressão desejada. Os relatórios semanais de um vendedor indicam ao seu chefe de vendas que ele está enfrentando problemas em fechar transações. O chefe toma medidas, sugere algumas retificações na técnica do vendedor. As vendas por este realizadas voltam a melhorar. O controle – o relatório semanal – levou a melhores resultados, ou seja, a melhores técnicas de venda.

Os controles também motivam. O prazo é um exemplo desse tipo de controle. Você estabelece com seu subordinado que determinado relatório deve estar pronto numa certa data. Quando essa data se aproxima, a pessoa intensifica seus esforços para completar a tarefa.

Os controles visam, portanto, resultados. Você não pode medir a eficiência dos controles, a menos que saiba que resultados pretende atingir. Por exemplo, um orçamento é um plano que visa a eficiência máxima de uma operação. Se o administrador se apega religiosamente ao orçamento, o controle "funcionou" num sentido superficial. Com isso, talvez o gerente tenha negligenciado oportunidades de expandir a produção, reduzir os custos pelo aumento do volume e, em última análise, operar com mais eficiência. O controle, o orçamento, não levou nesse caso ao resultado desejado. Pense, então, primeiro nos resultados. Tenha certeza de que seus controles o levam às metas, em lugar de se transformarem nas próprias metas.

Nunca tome uma atitude de indiferença para com os controles. Eles não devem ser estabelecidos *a posteriori*, nem devem ser armadilhas. Um exemplo claro da importância que eles podem ter para uma companhia pode ser visto no colapso, em 1984, do Continental Illinois National Bank

& Trust Co. As raízes desse fracasso, o maior da história bancária dos Estados Unidos, foram atribuídas diretamente à debilidade dos controles. O banco distribuiu centenas de milhões de dólares em empréstimos muito duvidosos, sem que os altos dirigentes tivessem consciência da seriedade do problema. Os controles não haviam sido instalados. Até mesmo em sua forma mais básica, ou seja, a documentação adequada de cada empréstimo, eles haviam sido negligenciados. Essa omissão transformou um dos principais bancos do país num castelo de cartas. E, quando as cartas começaram a cair, os acionistas do Continental viram seu investimento praticamente desaparecer.

A CHAVE DO CONTROLE: RESPONSABILIDADE

De que modo você, como administrador, pode ter certeza de que um subordinado realmente conclui as tarefas que lhe foram delegadas e obtém os resultados previamente fixados por vocês dois? A resposta, se for possível dá-la numa palavra, será responsabilidade. Depois de delegar uma tarefa, você não fecha simplesmente a porta do escritório e enfia a cabeça na areia, como um avestruz. Você faz com que seus subordinados continuem sendo responsáveis junto a você pela tarefa delegada, como mostra o "Círculo de Delegação", da Ilustração 5, e também o caso relatado a seguir.

USO DE CONTROLES POR UM GERENTE DE VENDAS

Suponhamos que você seja um gerente de vendas. Dividiu seu território em 10 áreas geográficas e colocou à frente de cada uma delas um gerente distrital. Cada qual supervisiona uma média de sete vendedores. Esses gerentes reportam-se diretamente a você, em geral, sobre todos os assuntos. Seu gerente de vendas assistente, alguns anos mais jovem que você, subiu das fileiras de vendedores. Suas funções compreendem principalmente a supervisão da sua organização interna de vendas.

Todos os meses, os gerentes distritais devem apresentar um relatório, preenchido num formulário, que cobre as atividades de cada um dos vendedores de seus respectivos distritos. Os relatórios incluem detalhes como o volume bruto em dinheiro das vendas de cada um, as unidades vendidas discriminadas por tipo, o número de visitas feitas, comparações com a atividade do ano anterior, dias gastos em visitas aos clientes, novas contas abertas, tempo passado em atividades promocionais e muitos outros detalhes. Como gerente de vendas, você tem de apresentar à comissão executiva de sua companhia um relatório mensal descritivo, interpretando as informações fornecidas pelos gerentes distritais.

Ilustração 5. *O círculo de Delegação*

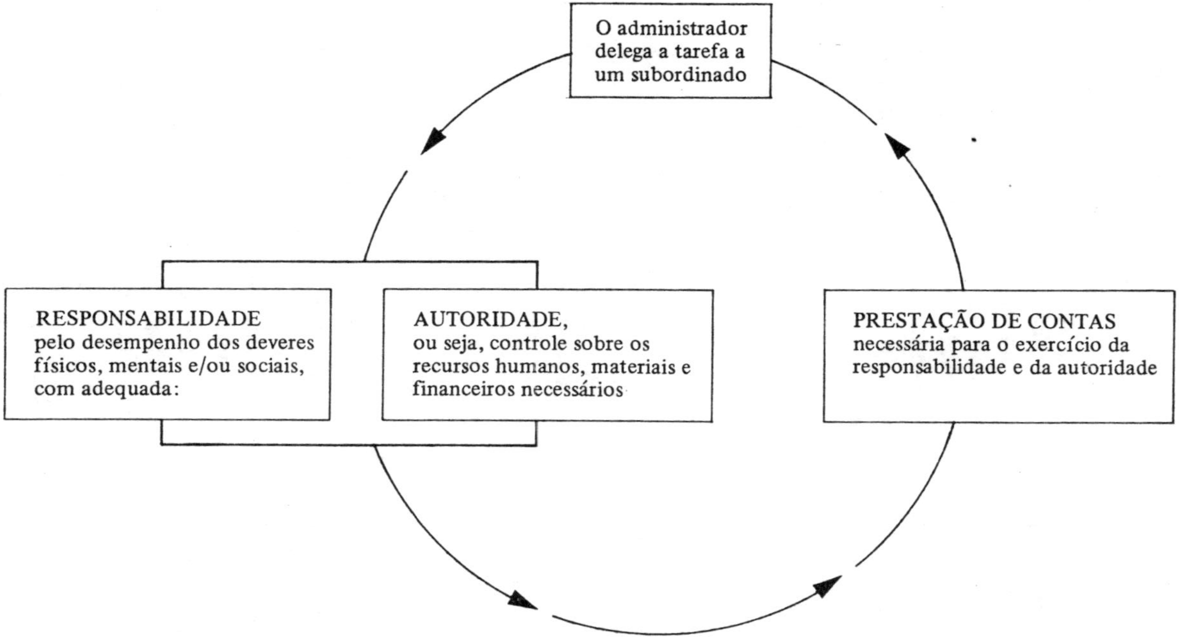

Uma atividade rotineira, e que exige muito tempo seu, é resumir essa massa de dados tabulada a partir das informaçõs recebidas. Embora anos de experiência permitam-lhe redigir esses resumos sem problema, você acha que poderia empregar esse tempo em atividades menos rotineiras e mais produtivas, como a planificação da estratégia de vendas. Além disso, alguns dos gerentes distritais adquiriram o mau hábito de apresentar seus relatórios com atraso. Isso toma mais difícil para você preparar, no devido prazo, o seu relatório mensal para a comissão executiva.

Seu assistente administra todo o pessoal interno do departamento de vendas – os funcionários encarregados dos pedidos, os correspondentes e os auxiliares de escritório –, e também o substitui quando de suas viagens. Você resolve delegar ao seu assistente as tarefas de resumir os relatórios dos gerentes distritais e fazer com que sejam entregues dentro dos prazos. Você tem a impressão de que isso não só o aliviará de um trabalho rotineiro, como também desenvolverá os conhecimentos de seu assistente, preparando-o para assumir o seu cargo ou um cargo semelhante em algum outro departamento.

Eis as medidas que você toma ao transferir a tarefa, de acordo com o que foi delineado no "Círculo de Delegação":

1. Chama seu assistente e obtém seu acordo quanto aos resultados a serem conseguidos: a tabulação dos dados dos vendedores num relatório coerente e útil, bem como a melhor observação dos prazos de apresentação dos relatórios pelos gerentes distritais. Você conversa com ele sobre a tarefa delegada, mostrando como isso lhe proporcionará a oportunidade de adquirir novos conhecimentos, consolidar sua posição e ampliar suas perspectivas. Vocês dois concordam quanto à margem de autoridade que deve acompanhar a nova responsabilidade.

2. Você notifica os gerentes distritais de que seu assistente é agora responsável por essa nova tarefa. Ressalta a importância do relatório que você prepara para a comissão executiva e como ele pode ter influência sobre as decisões dessa comissão em áreas como compensação, publicidade e despesas promocionais.

3. Você faz saber aos gerentes distritais que seu assistente tem autoridade para solicitar, e receber, diretamente seus relatórios.

4. Também informa aos gerentes que, a partir de agora, os relatórios devem ser apresentados ao mesmo tempo que as suas contas mensais de despesas, e que seu assistente tem autoridade para sustar qualquer reembolso até que o relatório seja recebido.

5. Você fixa um prazo para que o resumo dos relatórios distritais lhe seja apresentado: o dia 15 de cada mês. E também recomenda ao seu assistente que informe quando um gerente distrital deixar de apresentar seu relatório até o dia 10 de cada mês.

6. Você obtém a concordância de seu assistente em que o desempenho dele, no futuro, será julgado, em parte, pela maneira como desempenha as novas funções que lhe estão sendo atribuídas.
7. Finalmente, você ressalta a seu assistente que ele é totalmente responsável, perante você, pelos resultados fixados de comum acordo.

Você acabou de completar a volta no "Círculo de Delegação". Deu ao seu assistente as ferramentas para realizar a tarefa delegada – a responsabilidade e a margem adequada de autoridade. Deu-lhe poder e ofereceu um incentivo aos gerentes distritais para que sigam suas instruções. Você adotou um controle, ou um padrão, que ele deve respeitar, comunicando-lhe os atrasos dos gerentes. Você conservou o controle final sobre seu assistente, fazendo-o responsável perante você. Essa responsabilidade é a chave do processo de delegação. Faz com que você obtenha os resultados desejados com a nova tarefa que delegou.

SISTEMAS DE CONTROLE

O caso que descrevemos acima é verídico. Foi o sistema usado pelo gerente de vendas de uma companhia verdadeira para controlar a tarefa que delegou. Embora esse exemplo mostre claramente como controlar uma tarefa delegada, ele não cobre todos os métodos que você deve conhecer e que pode usar em suas delegações.

Outras técnicas e sistemas podem enquadrar-se melhor em sua organização. Eles podem ser mais adequados ao seu estilo de administrar, ou ao estilo que você escolher em determinada situação. Outros sistemas podem ser mais adequados à psicologia dos delegados de que você dispõe. Esses outros sistemas de controle permitem que você escolha outras maneiras de delegar as tarefas que atribui aos subordinados.

FIXAÇÃO DOS PADRÕES DE CONTROLE

Qualquer sistema, método ou técnica de controle da tarefa delegada deve, em primeiro lugar, ser constituído por padrões de desempenho. Quando você fixa os padrões para desenvolver o plano de controle, deve usar os mesmos padrões para medir os resultados obtidos com a execução desse plano. Se, por exemplo, seu plano prevê que seu delegado processe 20 pedidos por dia, então sua medida deve ser também de 20 pedidos diários.

No exemplo acima, você viu que o gerente de vendas fixou pelo menos dois padrões de controle para seu assistente: (1) o assistente deve informá-lo se algum gerente distrital não apresentar seu relatório até o dia 10; e (2) o assistente deve apresentar um resumo até o dia 15 de cada mês.

Mas os padrões, por si mesmos, não controlam. Simplesmente constituem metas com as quais o desempenho deve ser comparado. Objetivos, políticas, orientações, regras, procedimentos e estruturas organizacionais podem ser usados como padrões. Mas não controlam por si mesmos.

Um exemplo convincente de que as linhas mestras são na realidade passivas e não constituem, por si mesmas, um mecanismo de controle é proporcionado pela notícia publicada pelo *TV Guide* sobre um documentário da cadeia de televisão CBS, *The Uncounted Enemy – A Vietnam Deception*. Em entrevista publicada na revista *New York* (23 de janeiro de 1984), o presidente da CBS News declarou que seu pessoal recebe um exemplar de um manual de orientação com 64 itens para o preparo de documentários. Todos têm de assinar uma declaração de que receberam e leram esse manual. Não obstante, a própria investigação interna da CBS sobre alegações do *TV Guide* quanto ao uso indevido das instruções não refutou tais alegações – embora tivesse confirmado sua afirmação de que a emissão havia sido justa e imparcial. Em suma, a orientação não controlou os atos das pessoas que prepararam esse documentário. Você verá mais claramente por que os padrões, por si só, não podem controlar as responsabilidades delegadas, quando examinar a maneira pela qual se chega a tais padrões e quais as finalidades por eles atendidas no controle das tarefas delegadas.

COMPREENSÃO DOS PADRÕES DE CONTROLE

Antes de se ocupar dos detalhes específicos das funções de controle, você deve compreender melhor os padrões e a maneira pela qual são usados, particularmente em relação às funções delegadas. O padrão é uma medida fixada, seja arbitrariamente, por uma pessoa, seja pelo consenso geral. Os padrões são geralmente expressos em termos de qualidade, quantidade, custo ou tempo.

Um gerente de vendas pode resolver que os ternos de três peças, de cores sóbrias, camisas brancas e gravatas constituem o "uniforme" que os vendedores devem usar quando visitarem os clientes, ou possíveis clientes. É um padrão arbitrário, em relação ao qual se compara a maneira de os vendedores se vestirem. Ou um engenheiro industrial decide, depois de um estudo, que um trabalhador é capaz de instalar por hora, 10 fios cromados de revestimento de portas de carros – outro padrão arbitrário, pelo menos numa fábrica em que os padrões de trabalho não sejam determinados pelo sindicato.

Por outro lado, como mostra a linha de montagem da Volvo, em Kalmo, Suécia, grupos de trabalhadores com o treinamento adequado montam carros em áreas de trabalho distintas. Eles dispõem de todo o material, acesso às ferramentas e outros instrumentos pesados necessários à montagem de todo um carro. Os grupos operam com velocidades próprias e a produção de cada área de trabalho – o número de carros montados em determinado período – é resultado do consenso geral de todos os membros do grupo. Aquilo que o grupo decide transforma-se no padrão de sua própria produção.

Os padrões só podem ser fixados para períodos limitados. Nas operações de produção contínua, eles perduram por mais tempo do que em oficinas, escritórios, ou entre o pessoal administrativo. Muitas vezes é pouco prático interromper abruptamente uma linha de produção por se ter desenvolvido uma técnica melhor. Quando se muda o padrão, fixa-se um nível diferente de produção. Não podemos considerar nenhum padrão como permanente.

AQUILO QUE SE MEDE É AQUILO QUE SE OBTÉM

Depois da responsabilidade, a escolha de padrões de controle adequados constitui a essência da formulação de controles eficientes. O perito em administração Peter Drucker assim resume a questão: "A questão básica não é como controlar, mas sim o que medimos em nosso sistema de controle."

Os padrões de controle sempre se voltam para os resultados. No exemplo acima, o gerente de vendas estava interessado, mais do que tudo, na observação das datas. Queria que os gerentes distritais apresentassem ao seu assistente os relatórios dentro do prazo, e que a compilação dos dados lhe fosse apresentada pontualmente pelo assistente. Seus controles – prazos nos dias 10 e 15 de cada mês – centralizam-se, portanto, na conclusão pontual das tarefas e subtarefas.

Ou vejamos o exemplo do gerente de reclamações dos consumidores de uma cadeia de lojas de departamentos. Com a expansão dos negócios, foram-lhe dados dois assistentes. Ele lhes delegou a tarefa de atender as reclamações rotineiras. Como padrão de controle, determinou que cada assistente registrasse e encaminhasse ao departamento interessado pelo menos 30 reclamações por dia. Surgiu imediatamente um problema. Os assistentes, procurando observar esse padrão, tratavam com brevidade os clientes, e passavam suas reclamações sem examinar seriamente a melhor maneira de solucioná-las. O gerente compreendeu que havia cometido um erro. Escolhera uma medida inadequada, ou um padrão impróprio. Para consertar a situação, fixou um novo padrão: cada assistente deveria solucionar, com êxito, pelo menos 20 reclamações por dia. Esse padrão dirigia os esforços dos assistentes para a verdadeira meta da delegação – resolver as queixas para satisfação do cliente, e não simplesmente examiná-las de forma superficial, a fim de atender a um determinado número.

Isso constitui uma ilustração do princípio "Aquilo que medimos é aquilo que se obtém". Os padrões influenciam o comportamento. O supervisor de produção cujo padrão é de 100 peças por hora tentará apressar o trabalho a qualquer custo. O supervisor cujo padrão é de 90 peças *boas* por hora estará tão atento para a qualidade quanto para a quantidade. O vendedor que ganha apenas sobre o volume de vendas tentará vender o máximo possível a qualquer cliente. O vendedor cujos padrões incluem a lucratividade das contas estará mais atento para outros aspectos, como a variedade de produtos e o crédito do cliente.

Ao fixar os padrões, procure sempre examinar a qualidade, além da quantidade. Os aspectos facilmente quantificáveis de uma tarefa podem proporcionar os padrões mais convenientes, mas pergunte a você mesmo se eles levarão aos resultados que busca. Lembre-se também de que cada padrão individual se refere a uma fase limitada da tarefa. Um termostato mede o calor, mas não a umidade. Um orçamento operacional mede os gastos, mas não a satisfação dos clientes. Procure estabelecer um equilíbrio. Se você delegou aos supervisores sob seu controle a tarefa de fazer com que o pessoal deles siga um curso de treinamento, não use como padrão simplesmente o número de empregados que seguem o curso, mas inclua também alguma forma de medir as melhorias de capacidade que resultarem de tal curso.

É preciso, finalmente, assegurar-se de que seu padrão de controle é, na realidade, controlável pelo delegado. Se o gerente de vendas do exemplo acima tivesse fixado como padrão a exatidão dos dados apresentados nos relatórios dos gerentes distritais, estaria considerando seu assistente responsável por um fator sobre o qual ele realmente não dispunha de controle. Da mesma forma, você não pode aplicar a um gerente de manutenção o padrão de um nível predeterminado de despesas num período de rápidas elevações dos preços dos combustíveis. O controle que ele tem sobre as despesas é bastante limitado, o padrão não serve para nada.

LIMITAÇÕES DOS PADRÕES DE CONTROLE

Os padrões têm limitações em sua função de controle. Como já dissemos, a fixação de padrões para os delegados não significa que eles venham a fazer o que você quer que façam, ou que você obtenha os resultados desejados. Os padrões são apenas mecanismos que *devem* provocar uma reação.

A vida seria mais fácil para os delegadores se lhes fosse possível provocar reações automáticas, como as que se observam em sensores mecânicos ou elétricos, máquinas controladas numericamente ou computadores programados. Mas os administradores delegam tarefas a pessoas, o que é um problema totalmente diferente. E, como você verá, os controles automáticos não são perfeitos. Suponhamos que você possa automatizar o controle que tem sobre seus subordinados por meio de um sistema semelhante ao controle termostático da temperatura ambiente. Qual seria o controle satisfatório?

Vamos examinar primeiro como esse tipo de controle automático funciona, antes de transformarmos as pessoas em "termostatos". Quando a temperatura de uma sala cai abaixo de certo nível, o termostato estabelece uma conexão elétrica que liga algum elemento aquecedor, como um fogareiro a óleo, que faz a temperatura voltar ao normal. Mas os termostatos nem sequer se aproximam do que podemos chamar de controle perfeito. Não podem, por exemplo, prever uma queda na temperatura. Reagem a essa queda. O que põe em funcionamento a conexão elétrica é alguma coisa que não devia ter acontecido, um erro – a queda da temperatura abaixo do padrão fixado. E, no extremo oposto, o termostato controla por meio de outro erro: se a sala ficar quente demais, ele interrompe a conexão elétrica e o aquecedor se desliga.

CONTROLAR ANTES QUE SURJAM FALHAS

Qual o paralelo entre os controles automáticos e os controles das tarefas, funções e trabalhos delegados? Os padrões para os resultados esperados da delegação devem ser fixados, tal como alguém fixa o padrão da temperatura de uma sala para ser controlado automaticamente pelo termostato. Mas os administradores ou delegadores que querem controlar não precisam esperar, e na verdade não devem esperar, que ocorram erros ou falhas para começar seu acompanhamento da tarefa delegada.

Ao exemplo dado antes, do gerente de vendas, falta um aspecto muito importante: o padrão por ele fixado, ou seja, ser informado dentro de 10 dias se um gerente distrital deixasse de mandar seu relatório, significa que ocorreu uma falha. Da mesma forma, o padrão segundo o qual seu assistente deveria entregar-lhe o resumo no dia 15 de cada mês também significa que, se isso não acontecer, o assistente terá falhado. Ambas as hipóteses obrigam o gerente de vendas a agir para corrigir uma falha *depois* de se ter ela manifestado.

Como podem os controles de delegação superar esse problema? A única solução é controlar as operações antes que ocorram as falhas, através de medidas preventivas que diminuam a necessidade de ações corretivas, possivelmente de emergência. Essas medidas preventivas, que vão desde regras e diretrizes até o treinamento e a supervisão direta, serão examinadas no próximo capítulo.

CONTROLE ADMINISTRATIVO E CONTROLE DE DELEGAÇÃO

Num sentido real, são poucas as diferenças essenciais entre os controles relacionados com as tarefas ou funções delegadas e outros controles administrativos. Estes ocorrem quando os sistemas são planejados e instalados de modo a que todas as partes da companhia se ajustem às modificações, tanto internas como externas. Alguns "peritos" em administração passam tanto tempo tentando criar controles automáticos que funcionem tão bem quanto termostatos que não conseguem ver que todos esses controles esperam e dependem das falhas antes que possam entrar em ação para remediar a situação. É melhor procurar meios de prevenir o problema.

Suponhamos, por exemplo, que sua companhia perca subitamente um grande cliente. Um sistema automático deveria dar início a uma reação em cadeia que se comunicasse com toda a organização. Os compradores deveriam diminuir os pedidos para reduzir os estoques. O gerente de produção deveria reduzir o ritmo de produção. O departamento de pessoal deveria reduzir seus efetivos. Infelizmente, porém, essas ações automáticas ocorrem tarde demais para impedir a entrega de pedidos já feitos, impedir que os estoques cresçam e que ocorra o excesso de produção. Basta ler os jornais para encontrar exemplos de empresas em crise por terem confiado demais em sistemas de controles automáticos – termostatos, se preferirem – que só entravam em funcionamento depois de ocorridas as falhas.

Um exemplo clássico disso ocorreu com a W. T. Grant & Co. Entre os numerosos erros administrativos que provocaram a falência desse grande varejista, podemos citar a crise no fluxo monetário provocada, em parte, pela excessiva acumulação de estoques muito depois de terem ocorrido sinais de advertência de que não eram aqueles os produtos que a clientela da Grant desejava.

A NECESSIDADE DE CONTROLES QUE PREVINAM

Esse breve exame dos controles administrativos mostra que os administradores precisam de sistemas flexíveis, que exerçam função preventiva, bem como de sistemas automáticos, para o êxito da delegação. Os delegadores devem acompanhar e avaliar, constantemente, todas as condições que podem afetar as tarefas, funções e trabalhos que delegaram. Lembre-se: delegação sem acompanhamento é abdicação. Quando você, como delegador, abdica da responsabilidade por uma tarefa delegada, abre caminho para o colapso de todo o sistema.

Voltemos mais uma vez ao caso do relatório mensal do gerente de vendas à sua comissão executiva. Esta delegou a responsabilidade das vendas ao gerente, mas continua no controle, comparando as vendas realizadas com os níveis planejados. Quando as vendas não correspondem às projeções, a flexibilidade preventiva devidamente planejada torna fácil a passagem a novas previsões de vendas e novos padrões. Esses controles ganham tempo para se desenvolverem novas promoções e novos produtos, ou para se modificar a aceitação, pelos clientes, dos atuais produtos da companhia.

É certo que os indícios de falha – a incapacidade de atingir a meta de vendas – provoca uma mudança de planos e padrões. Mas, quando você combina informações posteriores aos fatos, ou seja, o controle do tipo termostato, com o planejamento preliminar contingencial para anormalidades e a localização dos pontos críticos a fim de prevenir mudanças, elimina ou reduz as medidas que visam apenas "apagar o incêndio".

A ESCOLHA DE UM SISTEMA DE CONTROLE

A escolha do sistema de controle adequado para uma tarefa delegada exige a observação cuidadosa da situação. Em sua maioria, os sistemas podem ser classificados como mecânicos ou como dinâmicos.

SISTEMAS MECÂNICOS

Entre estes se incluem regras, quotas, prazos e critérios. Os sistemas mecânicos são melhores para tarefas a curto prazo, ou funções a longo prazo, num ambiente estável. Esses controles operam através da punição dos erros. Exigem freqüentes verificações do processo, bem como o exame dos resultados gerais. Tendem a ser específicos e impostos a partir de fora. Sua meta é a eficiência.

SISTEMAS DINÂMICOS

Entre estes se incluem as descrições de cargos, a avaliação de desempenho e os planos estratégicos. Os sistemas dinâmicos funcionam melhor para as tarefas a longo prazo, ou para qualquer tarefa num ambiente instável. Operam mais pela recompensa ao êxito do que pelo castigo ao fracasso. As verificações são infreqüentes. Os resultados, e não os métodos, são a meta principal. Eles estabelecem os objetivos gerais, quase sempre com a participação da pessoa a ser controlada.

Esses dois tipos de sistemas de controle podem ser comparados com o castigo e a recompensa. Um deles desestimula o desvio da norma, o outro estimula a realização. Na maioria das situações, é necessária uma combinação desses dois tipos de controle. Um subordinado pode ser estimulado a fazer bem uma tarefa que lhe é delegada porque está querendo obter louvores visando a próxima avaliação de desempenho. Mas outro sistema de controle, um prazo específico, pode ser o elemento que realmente garanta que ele venha a completar o trabalho no tempo desejado.

9

TÉCNICAS EFICIENTES DE CONTROLE

Para conseguir os melhores resultados com a delegação, são necessárias técnicas que proporcionem o controle antes, durante e depois da tarefa que está sendo delegada. Isso significa uma combinação de controles automáticos (equivalentes ao termostato, um sistema de seqüência fechada) com funções chamadas de "seqüência aberta". Esses sistemas de seqüência aberta previnem e ativam medidas antes que ocorram erros ou falhas. Usando novamente a analogia com a temperatura, se uma súbita mudança do tempo faz cair rapidamente a temperatura externa, uma seqüência aberta liga o aquecedor *antes* que a temperatura dentro de casa caia abaixo do nível desejado. Não ocorrem falhas.

CONTROLES LIMINARES OU DEFESA PREVENTIVA

Os controles liminares visam evitar que os delegados cometam erros. Eles incluem as diretrizes e procedimentos, o planejamento de rotina, a programação, a preparação e autoridade parcial. Todos visam conduzir o delegado na direção certa, desde o começo.

DIRETRIZES E PROCEDIMENTOS

São as pedras fundamentais do controle na delegação. Proporcionam um conjunto de pressupostos que lhe poupam, como administrador, o trabalho de ter de explicar com longos detalhes as maneiras pelas quais o subordinado deve reagir às contigências que cercam qualquer tarefa delegada. Quando você delega, por exemplo, ao seu assistente a tarefa de visitar os escritórios distritais, não precisa explicar-lhe que não deve levar consigo a mulher, à custa da companhia. Uma diretriz ou política permanente controla o comportamento da pessoa nessa situação. Nem é necessário ressaltar que um subordinado a quem você delega o contato com os clientes deve tratá-los com cortesia e respeito. A política da companhia determina que assim seja. Se os delegados usarem os próprios carros para fazerem o trabalho, não precisam vir pedir-lhe a indenização pelas despesas. Simplesmente seguem uma rotina adequada. Portanto, a política e os procedimentos normais guiam – isto é, controlam – os esforços de seus subordinados.

Em princípios da década de 60, quando a Xerox Corp. era uma das empresas norte-americanas que mais cresciam, o então presidente Joseph Wilson tomou uma decisão muito astuta. Durante o agitado período de crescimento rápido, a maioria das soluções contingenciais havia sido adotada através de sugestões pessoais depois dos fatos consumados. Um subordinado perguntava ao chefe como proceder em determinada situação. Talvez o chefe tivesse de perguntar ao seu diretor. A decisão era tomada para aquela contingência específica. Wilson compreendeu que esse sistema significaria o caos administrativo, na medida em que a companhia fosse crescendo. Instituiu um corpo formal de diretrizes, ou políticas, e procedimentos que cobria grande número de contingências. Os argumentos de que essas regras tornavam a companhia demasiado rígida desapareceram tão logo os administradores perceberam que com elas as coisas se tornavam muito mais fáceis para eles, e que as normas ajudavam a coordenar os esforços e evitar perda de tempo. Essas políticas ajudaram a transformar a Xerox de uma companhia "adolescente" em uma empresa madura e consolidada.

A política é o estabelecimento de linhas mestras, ou linhas gerais. Os procedimentos compreendem o comportamento em situações específicas. Por exemplo, a política determina que os produtos da companhia sejam de alta qualidade. Os procedimentos predeterminados instruem os inspetores de controle de qualidade sobre a maneira de colher amostras e realizar testes de produção. A política estabelece a necessidade de aperfeiçoar a administração. O procedimento determina a oportunidade e o conteúdo dos programas de treinamento.

Ao delegar tarefas aos subordinados, certifique-se de ter revisto as políticas e os procedimentos aplicáveis à situação. Eles podem ajudá-lo como controles fundamentais eficientes. Mas também podem dificultar as coisas, se você for muito informal em relação a eles. Por exemplo, se você delegar uma tarefa que exija que seu subordinado use recursos de outro departamento, mas não levar em conta a política que determina a necessidade de uma autorização prévia do gerente daquele departamento, então seu subordinado encontrará problemas que acabarão caindo sobre sua cabeça.

PLANEJAMENTO DE ROTINA

Antes que você possa delegar realmente uma tarefa, precisa transmitir informações e organizar as ordens que vai dar. Como dissemos no último capítulo, ao delegar o resumo do relatório, o gerente de vendas chamou primeiro seu assistente para conversar com ele sobre o problema e obter um acordo seguro sobre a maneira de realizar esse trabalho. Também planejou preliminarmente o modo pelo qual faria saber aos gerentes distritais como deviam mandar os relatórios para o assistente, e não para ele próprio. Reuniu e ordenou as instruções que teria de dar. Ao planejar, o gerente de vendas previu que seu assistente poderia falhar em certos pontos. Seus planos eram parte da "defesa preventiva" contra possíveis falhas.

PROGRAMAÇÃO

O gerente de vendas então notificou seu assistente e seus gerentes distritais quanto às datas das modificações. Ele ressaltou, ao condicionar o reembolso de despesas à entrega do relatório, a importância da observação desse prazo. Fez saber aos gerentes distritais que o resumo do assistente, que serviria de base à interpretação que faria para a comissão executiva, teria influência sobre as decisões desta em questões de comissões, publicidade e despesas promocionais. Além disso, estabeleceu datas para a apresentação dos relatórios e fez-lhes saber quando ele, o gerente de vendas, teria de apresentar seu documento à comissão. Como ocorre com o planejamento rotineiro, esse método de controle da delegação destina-se a evitar os erros antes que aconteçam. A programação faz com que todas as atividades relacionadas com uma tarefa delegada se combinem, e evita o atrito prejudicial de engrenagens que ocorre quando elas não se harmonizam.

PREPARAÇÃO

A fase seguinte desse controle prévio da tarefa recém-delegada foi notificar os gerentes distritais de que o assistente tinha agora a responsabilidade e a autoridade para realizar a delegação. Como outra parte da preparação, o gerente de vendas preparou o formato que o assistente deveria usar para resumir os relatórios, a fim de que incluísse as informações da maneira que ele as desejava. Foi sua "defesa preventiva" contra a possibilidade de uma realização imperfeita do trabalho de condensação dos relatórios. Teve também de preparar formas para combinar os relatórios de vendas com o reembolso de despesas, mandar imprimir esses formulários e distribuí-los aos gerentes distritais. Esse controle serviu para prevenir contra a possibilidade de que os gerentes distritais cometessem o erro de mandar relatórios e contas de despesas separadamente. A preparação, em geral, controla porque estabelece um "trilho" para o trabalho do delegado: faz com que a pessoa comece da maneira certa.

AUTORIDADE PARCIAL

Essa expressão, usada na delegação, significa em geral a atribuição, aos delegados, da autoridade para agirem parceladamente, um pouco de cada vez. Quando o gerente de vendas condicionou os relatórios dos gerentes distritais ao reembolso de suas despesas e deu instruções ao seu assistente para que só fizesse tais reembolsos quando os relatórios fossem apresentados em tempo e junto com a conta de despesas, ele transferiu para o assistente parte de sua autoridade sobre os gerentes distritais, mas não toda.

Você deve lembrar-se, quando preparar seu próprio sistema de autoridade parcial, de que os subordinados muitas vezes reagem de maneira excessiva quando recebem uma nova autoridade. O controle que o gerente de vendas estabeleceu foi sustar o pagamento dos reembolsos *somente* quando as contas *não* fossem acompanhadas pelos relatórios de atividade. Não deu ao assistente a autoridade de exigir os relatórios antes da data prevista, ou de separá-los das contas de despesas. Controlou a possibilidade de uma reação excessiva de seu assistente.

AVALIAÇÃO DOS CONTROLES LIMINARES

Os controles liminares visam, todos, a prevenção – prevenir e evitar erros que um delegado poderia cometer e orientá-lo nas contingências difíceis. Embora essa abordagem preventiva represente uma força, também pode transformar-se num ponto fraco. Nem todas as contingências podem ser previstas. As políticas e os procedimentos não orientam os delegados em todas as situações possíveis. Em lugar de controlar adequadamente as atividades dos subordinados, o planejamento, a programação e a preparação podem provocar reações inadequadas.

Por exemplo: que aconteceria se o assistente do gerente de vendas começasse a receber, de um gerente distrital, relatórios contendo discrepâncias? Vendas que não correspondem às visitas aos clientes, por exemplo. Nenhum dos controles liminares previu essa contingência, e portanto nenhum deles realmente controla o assistente nessa situação. De fato, se as suas instruções lhe deram a impressão de que, se os dados fornecidos pelos relatórios fossem completos, deviam ser incorporados à tabulação, então esse controle liminar pode na prática desviá-lo da iniciativa de chamar a atenção do seu chefe para as discrepâncias.

É evidente que não podemos ficar nos controles liminares. Você não pode achar que, tendo colocado seu delegado na direção certa, pode depois ficar sentado à espera de que ele chegue ao destino. O controle deve continuar. Os controles do nível seguinte são os que orientam o delegado durante a tarefa, os controles da execução.

CONTROLES DA EXECUÇÃO

Esses tipos de controles afetam a tarefa delegada quando ela está sendo executada. São simultâneos com a atividade, em lugar de ocorrerem antes ou depois dela. Mesmo assim, são parte de um sistema preventivo que reduz ao mínimo as falhas. Valorizam as pessoas como recursos controladores, e não os acontecimentos que agem como reatores automáticos. Tanto previnem como corrigem. O gerente de vendas previu que os gerentes distritais poderiam esquecer-se de mandar os relatórios e as contas de despesas juntos, e por isso combinou as duas formas.

Os controles da execução começam realmente com a autoridade parcial. Esta situa-se entre os controles anteriores à delegação e os controles que funcionam tanto durante como depois de executada a tarefa delegada. A autoridade parcial é como um banco de três pernas. Tem uma perna em cada fase: antes, durante e depois. Os prazos dados aos gerentes distritais para os seus relatórios, e ao assistente para o seu resumo, eram controles destinados a impedir atrasos antes que as tarefas fossem delegadas. Continuaram a controlar a apresentação dos relatórios no devido tempo, depois de iniciada a tarefa. Entre as funções que desempenham os controles da execução, além da autoridade parcial, estão a direção, a supervisão, a correção e a orientação.

DIREÇÃO

É um outro nome para a comunicação. Dirigir pela palavra é, em geral, o melhor processo. Habitualmente, um superior delega uma tarefa a um subordinado, como no exemplo do gerente de vendas e seu assistente. Ele o chamou à sua sala para conversar pessoalmente sobre as novas funções que deseja delegar-lhe. Deu ao subordinado as informações e lhe proporcionou um entendimento daquilo que queria.

Normalmente, você poderia pensar que a direção é uma função interpretativa, não necessariamente de comando, como a palavra "dirigir" por vezes deixa implícito. A General Electric Co., há muito conhecida por sua capacidade de preparar administradores, criou o Instituto de Aperfeiçoamento de Administração, em Croton-on-Hudson, no Estado de Nova York. Os programas do Instituto foram considerados equivalentes à maioria dos programas universitários dedicados às mesmas finalidades. Como corolário do preparo de administradores, os professores do Instituto apresentaram uma definição de administração. A General Electric inclui a "direção" entre os conhecimentos que fazem parte da arte da administração. Sua definição diz que administrar é a arte de fazer as coisas através dos outros, por meio da persuasão e não da ordem. A definição, porém, inclui uma nota dizendo que, quando a persuasão falha, os administradores devem recorrer às ordens. A direção, portanto, embora seja habitualmente uma função interpretativa, pode incluir a ordem, se necessário.

A direção começa no momento em que se inicia a tarefa delegada. Por exemplo, quando você atribui uma tarefa ao seu assistente administrativo, começa a dirigir no momento em que essa pessoa inicia o trabalho. Suponhamos que você delegue a tarefa de responder certas cartas. Começa dando instruções sobre a maneira pela qual seu assistente começará a respondê-las. Naturalmente, qualquer delegado tomará muitas decisões menos importantes sem precisar de direção. Mas esse controle atende às contingências quando estas surgem. Impede que a pessoa tome uma série de decisões que afaste o curso de ação dos resultados desejados.

SUPERVISÃO

Devemos ressaltar que a delegação sem o acompanhamento é apenas a transferência a outro de alguma coisa que você não quer fazer, é livrar-se de uma tarefa indesejada. Alguns administradores são tão indiferentes à divisão de responsabilidades que nem mesmo desejam aos seus subordinados boa sorte na execução da tarefa.

A supervisão é uma forma de assegurar que os subordinados estão, na realidade, seguindo a direção, os planos e as instruções que lhes foram dados. Não se pode esperar obter sempre os resultados desejados por meio da supervisão. Ela constitui, porém, um dos controles que podem ajudá-lo a atingir aqueles resultados. Supervisão significa observação. É como olhar por cima do ombro dos delegados, sem interferir no que fazem, nem exercer pressão. Você pode ter certeza de que o gerente de vendas reviu o primeiro resumo de seu assistente quando ainda estava sendo preparado.

A supervisão ajuda a descobrir quando as coisas se estão distanciando dos planos. Ajuda a recolocar seus delegados no caminho certo, antes de haver algum prejuízo. O interessante é que os administradores podem delegar a supervisão de rotina a outros subordinados. Ela é uma função de controle que não precisa ser exercida pelos próprios delegadores. Por exemplo, um superintendente de fábrica pode delegar uma tarefa a um chefe de turma e pedir a outro que faça a supervisão. É claro que com isso ele não se livra da responsabilidade pelos resultados.

CORREÇÃO

A correção corre paralela à supervisão. Ela significa simplesmente que, ao descobrir que o delegado está fazendo alguma coisa errada, ou ao surgir algum obstáculo sobre o qual ele não tenha controle, você entra em ação. Você pode recolocar a atividade da pessoa delegada de acordo com o plano original. Ou pode modificar o plano para atender a uma contingência. Ou, finalmente, pode modificar tanto a atuação como o plano, para aproximá-los. Por exemplo, você delega a um subordinado a tarefa de realizar um levantamento das atitudes dos clientes. Essa pessoa verifica que a fórmula para o registro das respostas, que vocês prepararam juntos, omite muitas categorias de respostas. O subordinado começa a anotar as respostas dos clientes. No processo de supervisão, você percebe essa atuação. Mas, como isso torna mais difícil a computadorização das fórmulas, você toma medidas para corrigir a situação. Muda a atuação, pedindo ao subordinado que deixe de anotar as respostas, e também modifica o plano: ajuda-o a preparar um formulário mais abrangente para o registro das respostas.

Habitualmente, as correções recolocam a atuação do subordinado dentro das linhas do plano. Se você mapeou bem seus controles preliminares de planejamento, programação, preparação e autoridade limitada, dificilmente terá necessidade de fazer modificações nos padrões de desempenho. Mas lembre-se também de que os planos são guias para atingir objetivos, e não objetivos em si mesmos. Adapte-se às circuntâncias, tal como você as encontrar. Não tenha medo de mudar o curso, quando necessário.

ORIENTAÇÃO

A direção relaciona-se com a comunicação de informações e instruções ao delegado. A supervisão envolve a fiscalização do cumprimento dessas instruções. A correção significa a retificação dos erros e a modificação de direção. A orientação é o quarto controle da execução, e igualmente importante. Em essência, é um fluxo diário e informal de perguntas, sugestões, crítica construtiva e elogio entre você e seus subordinados.

Por exemplo, o engenheiro chefe pára na área de trabalho de um jovem engenheiro projetista a quem delegou um complicado problema de especificação. Talvez ele nada diga e continue sua inspeção. Talvez pergunte: "Como vai o trabalho?", a fim de dar ao engenheiro a oportunidade de fazer uma pergunta ou levantar um problema. Talvez ele corrija um erro incipiente que o engenheiro ainda não tenha percebido. Talvez ele apenas diga algumas palavras de estímulo. Todas essas possibilidades estão abertas na orientação. E todas elas fazem com que a tarefa delegada avance na direção do resultado desejado, servindo assim como controle.

A orientação na delegação assemelha-se à orientação nos esportes. Um técnico de tênis, por exemplo, não vai para a quadra jogar em lugar de seus dirigidos. Não lhes tolhe a iniciativa procurando antecipar-se às suas decisões. Mas está sempre presente, quando necessário, comentando erros que os tenistas não podem ver. Sugere experiências com técnicas diferentes, mas não impõe estilos de jogo que não sejam adequados a determinado jogador. Procura colocar sua experiência a serviço dos tenistas.

A orientação exige, acima de tudo, um espírito de colaboração, e não de confronto. Se o tenista finge uma contusão, ou procura esconder um problema real, seu instrutor nada pode fazer. Se os subordinados sentirem que não podem ser francos com seus chefes, por medo de uma reprimenda, então haverá problemas de comunicação.

A orientação também exige que você ouça. Se dirigir e corrigir são coisas que demandam conversa, e supervisionar exige observação, então a orientação pede, acima de tudo, que você ouça. Para ser um controle efetivo, ela precisa de comunicação nos dois sentidos. Procure estabelecer uma empatia com seus subordinados. Ao ouvir, coloque-se no lugar deles. Talvez a tarefa delegada seja fácil para você. Mas, para um subordinado inexperiente, pode parecer a escalada do monte Evereste. Não imagine poder prever os problemas que os delegados enfrentarão, nem os conselhos de que vão precisar. Ouça-os.

Embora a orientação deva ser informal, não precisa ser totalmente espontânea. Como é melhor comunicar-se com os delegados nas suas respectivas áreas de trabalho, procure visitar todos os seus subordinados, diariamente, como coisa natural. Não perca tempo apenas conversando, mas mostre-lhes que você está à disposição deles para qualquer orientação. Ao conversar sobre problemas, não se estenda em generalidades. Mantenha-se no caso específico que esteja sendo comentado. Seja conciso, sem ser ríspido. Tenha o cuidado, também, de condicionar sua orientação à pessoa que a está recebendo. Com quem você está falando? Quais as necessidades individuais da pessoa? Apoio moral? Conselhos técnicos? Excesso de zelo? Desejo de apressar o trabalho?

Em numerosas situações a orientação tem mostrado sua capacidade de ser a melhor das técnicas de controle da execução. Previne problemas, proporciona motivação e ajuda os subordinados a desenvolverem conhecimentos, através de situações práticas. Também exige tempo. A orientação não funcionará como controle se você a colocar em prática apenas uma vez por mês. Mas como conseguir tempo para orientar? Delegando. Assim como a orientação tornará sua delegação mais eficiente, também a delegação de tarefas demoradas e do trabalho de rotina lhe proporcionará o tempo necessário à orientação.

AVALIAÇÃO DOS CONTROLES DA EXECUÇÃO

Os controles anteriores ao início da tarefa têm a desvantagem de não lhe permitir a previsão de todas as contingências. Os controles durante a execução tratam especificamente dessas contingências. Portanto, servem para manter o delegado no caminho certo. Impedem que pequenos problemas se transformem em grandes prejuízos. Dirigem constantemente os esforços das pessoas para os objetivos desejados.

Mas a desvantagem que se pode encontrar, facilmente, com os controles durante a execução é a tendência ao supercontrole. Eles podem provocar-lhe o desejo de entrar em ação. Um excesso de direção pode interferir nas tomadas de decisão dos subordinados. Um excesso de supervisão e correção pode solapar-lhes a iniciativa. A orientação pode encorajá-los a se tornarem dependentes, a esperar que você resolva todos os seus problemas. A linha divisória entre os controles que guiam e os controles que sufocam pode ser muito delicada. Os controles durante a execução, que sejam eficientes e não excessivos, constituem parte da arte de delegar, que você desenvolverá com a experiência.

CONTROLES POSTERIORES

Nenhuma tarefa delegada existe no vazio. Você raramente delega uma tarefa a um subordinado apenas uma vez. Em geral, quando ele termina uma tarefa, você lhe transfere uma ou mais tarefas adicionais. Por essa razão, os controles posteriores são importantes. É claro que não podem influenciar no resultado da atividade que controlam. Podem, porém, impedir a repetição de erros. Também podem contribuir para a motivação dos subordinados, oferecendo recompensas por uma tarefa bem-feita e mostrando as maneiras pelas quais é possível melhorar seu desempenho no futuro.

A SESSÃO DE AVALIAÇÃO

Nem todas as tarefas delegadas exigem o acompanhamento de uma sessão de avaliação, um exame, com o subordinado, dos resultados da delegação. Para os trabalhos significativos, porém, essa reunião tem várias vantagens. Primeiro, dá a você a oportunidade de dizer aos delegados qual foi seu desempenho. Mesmo quando o sucesso de um projeto lhe parece óbvio, seus subordinados poderão lucrar com suas palavras de elogio e aprovação específicas. Isso ocorre especialmente quando o delegado enfrentou numerosas dificuldades. Os delegados podem ficar tão emaranhados nos atrasos, frustrações e obstáculos que cercam a tarefa que talvez percam de vista o fato de que tudo saiu bem, no fim, e que alcançaram as metas que pretendiam atingir.

A sessão de avaliação também lhe dá a oportunidade de estimular os delegados a aprenderem com os erros. Num jogo de xadrez, pode-se cometer um erro. O jogador sabe que alguma coisa vai mal porque vê que as probabilidades do jogo se voltaram contra ele. Mas só depois de terminada a partida, quando ele pode analisá-la, é que a verdadeira significação do erro – seu efeito sobre o jogo e as maneiras pelas quais se poderia evitá-lo, ou limitar-lhe as conseqüências – se torna clara.

Por exemplo, como gerente de produção, você delegou a um assistente a tarefa de planejar um sistema de montagem para um novo componente. Em meio ao projeto, você descobre que esse assistente está criando um engarrafamento na tentativa de tornar mais eficiente a entrega das peças. Você lhe mostra o problema e sugere métodos diferentes. Mas só quando todo o projeto estiver concluído e o assistente tiver tido a oportunidade de rever seu erro original à luz de todo o processo é que ele poderá perceber perfeitamente onde se equivocou.

Uma terceira vantagem da sessão de avaliação depois de uma delegação é rever as metas originais e os padrões de controle à luz da tarefa concluída. Por exemplo, se o gerente de vendas que nos vem servindo de exemplo se reúne com seu assistente depois de três meses, talvez eles juntos determinem que a tabulação dos dados deva ser entregue ao gerente no dia 12 de cada mês, e não no dia 15. O padrão anterior não proporcionava ao gerente tempo suficiente para preparar seu relatório para a comissão executiva. Um novo padrão tornava-se necessário.

AVALIAÇÃO DO DESEMPENHO

Trata-se de outro controle posterior. Não se relaciona com uma única tarefa delegada, mas com uma série de delegações em determinado período de tempo. Naturalmente, também se ocupa do desempenho dos subordinados em suas funções originais, básicas. Ao incluir o exame da delegação numa avaliação de desempenho, os administradores podem ajudar os subordinados a aquilatar o papel que a delegação exerce na transmissão de novos conhecimentos. Podem ampliar a compreensão que os subordinados têm das atividades da companhia e ajudá-los a entender melhor a posição que nela ocupam.

As avaliações de desempenho oferecem excelente oportunidade para um exame geral da delegação. Muitas vezes, na pressa de fazer o trabalho, você deixa de lado coisas como as razões da delegação, os pressupostos e as expectativas que acompanham as tarefas delegadas, a necessidade de participação dos subordinados na fixação das metas e as razões que levam aos sistemas de controle. Da mesma forma, você, quando dessas avaliações, deve responder a quaisquer perguntas de caráter geral que o subordinado faça sobre o processo de delegação. Algumas das questões relacionadas com isso, e que você poderia querer cobrir, são:

- Se o subordinado acha que está recebendo uma proporção justa de delegações, ou se considera que essa proporção é excessiva.
- Como as tarefas delegadas são enquadradas pelas pessoas dentro de seu trabalho normal.
- Novas áreas nas quais a pessoa gostaria de receber responsabilidades delegadas.

- Quaisquer problemas gerais com autoridade, recursos ou relações humanas que estejam afetando o desempenho dessa pessoa nas tarefas delegadas.
- O papel específico da delegação em sua avaliação do desempenho dessa pessoa e nas decisões sobre sua promoção.
- Próximas tarefas que você pretenda delegar a esse funcionário e para as quais ele poderia começar a se preparar.

RECOMPENSA E PUNIÇÃO

Recompensas e punições constituem controles motivacionais. Em si mesmas, elas não corrigem erros nem orientam o comportamento. Servem antes para estimular os delegados a se empenharem, com base em seus próprios recursos, para atingirem as metas estabelecidas. Você já sabe que um gerente tem de reconhecer e recompensar o sucesso de seus subordinados nas tarefas delegadas. Muitas vezes, o próprio reconhecimento representa uma recompensa adequada. Mostre-lhes que você sabe quando eles realizaram um bom trabalho. Ressalte a importância de seus esforços para o sucesso da companhia. Se você lhes puder oferecer algo mais que um tapinha nas costas – uma gratificação, um aumento, um privilégio ou o reconhecimento público –, deve fazê-lo, nas proporções que isso lhe parecer adequado. Lembre-se, porém, de ser coerente nas recompensas e não prometer mais do que pode fazer.

As punições devem ser usadas com muito comedimento, como meio de controle. Em geral, você só precisa recorrer a elas quando o delegado desobedece a política da companhia de maneira flagrante, ou deixa de se esforçar sinceramente para concluir bem uma tarefa. Por exemplo, se o subordinado ultrapassa deliberadamente os limites de despesas de um projeto, então alguma forma de punição – que pode ir da censura à demissão – é necessária para desestimular essa atitude, no futuro. Mais uma vez, seja coerente e observe rigorosamente, você também, a política da companhia.

Por outro lado, os delegados que não realizam bem os projetos devido a problemas imprevistos ou circunstâncias externas, ou porque você lhes deu um trabalho acima de sua atual capacidade, não devem sofrer outra punição, além do aborrecimento causado pela delegação em si. Em lugar de punir, procure identificar as raízes do problema e ajudar o subordinado a concluir o trabalho, a aprender a lição e a fazer melhor da próxima vez. As punições servem apenas para tornar a pessoa, no futuro, avessa às tarefas delegadas, ou incapaz de abordá-las sem uma cautela extrema.

AVALIAÇÃO DOS CONTROLES POSTERIORES

O argumento mais óbvio contra os controles posteriores é o de que eles são como fechar porteira depois que o gado fugiu. Evidentemente, esses controles jamais podem substituir os controles liminares ou os da execução. Mas não devem ser negligenciados. Um erro cometido num trabalho delegado tem, geralmente, conseqüências limitadas, sobretudo se outros controles contribuem para a detecção oportuna desse erro. Mas a lição bem aprendida durante uma sessão de avaliação do desempenho pode proporcionar muitas vantagens. Essas sessões serão imensamente compensadoras para o subordinado em tarefas futuras, e de fato em toda a sua carreira.

ADMINISTRAÇÃO PELA EXCEÇÃO

O princípio da exceção é um dos axiomas fundamentais da administração. Significa que apenas os desvios importantes em relação ao plano, ou aos resultados esperados, devem ser levados ao conhecimento dos administradores. Vejam nosso exemplo do gerente de vendas. Ele delegou ao seu assistente a tarefa de resumir todos os relatórios dos gerentes distritais, dando-lhe autoridade para sustar o reembolso das despesas que não tivessem acompanhado os relatórios. Talvez a maioria dos relatórios distritais chegue até o dia 7 de cada mês, alguns outros no dia 8 e uns poucos no dia 9. O assistente não leva essas variações ao conhecimento de seu chefe. Só quando todos os relatórios deixam de chegar até o dia 10 é que ocorre uma exceção à regra. Só então o chefe precisará agir.

Para usar o princípio de exceção como controle, ao delegar, você precisa fixar objetivos, planos e padrões que deixem aos delegados espaço para tomarem decisões sobre pequenas variações e desvios. Se eles não puderem resolver as modificações menores, cada desvio representará uma exceção, e o princípio de exceção não funcionará como controle efetivo.

A fixação do ponto a partir do qual o desvio deve ser comunicado ao delegador, portanto, é a chave para que funcione a administração pela exceção. Dar boa margem de trabalho ao delegado significa que você raramente será chamado a tomar conhecimento de pequenas irregularidades. Mas significa também que, quando for notificado, o problema provavelmente já será sério. Um espaço reduzido significa que você receberá informações com freqüência, mas terá conhecimento dos problemas antes que eles se tornem críticos. Nesse sentido, o termostato funciona pelas exceções. O termostato não "age" em conseqüência de uma pequena flutuação de temperatura. Se assim fosse, ele ficaria ligando e desligando o aquecimento a toda hora, provocando o uso ineficiente da energia. Mas se seu espaço de variação for demasiadamente grande, os ocupantes da casa primeiro ficarão tremendo de frio, depois começarão a suar, à medida que a temperatura subir e descer. A fixação do ponto de desvio, ou ponto de exceção, estabelece o equilíbrio entre a eficiência e o conforto.

A boa administração por exceção está sempre atenta à importância relativa do fator que está sendo medido. Você pode dizer a um subordinado a quem delegou um projeto milionário que informe se o custo isolado de um elemento ultrapassar em mais de 10 mil dólares as projeções. Mas não pode dar a mesma margem a um subordinado encarregado da compra de material de escritório. Isso é comparável à diferença entre o termostato de um armazém e o de um recinto destinado ao armazenamento de peles. Um termostato com margem muito limitada de "exceções" poderia ser necessário para a manutenção das peles numa temperatura precisa. Mas o termostato do armazém poderia funcionar apenas quando a temperatura externa caísse abaixo de zero.

São várias as vantagens da administração pela exceção no processo de delegação:

1. Focaliza a sua atenção nos fatores importantes, não nos pequenos fatores. Dessa maneira, reduz muito as exigências sobre sua atenção, permitindo-lhe concentrar seus esforços nos pontos em que eles serão mais úteis.
2. Evita que você perca tempo revendo tarefas delegadas que estão funcionando bem. Você sabe que será avisado se alguma coisa não der certo. Assim, de momento você pode esquecer-se daquela tarefa.
3. Estimula a autonomia de seus subordinados, dando-lhes espaço para solucionar as irregularidades, dentro dos limites estabelecidos. Também os desestimula a chamar sua atenção para decisões triviais, que devem ser tomadas por eles mesmos.
4. Dirige tanto a sua atenção como a de seus subordinados para os resultados. O princípio da administração pela exceção é: "Não me importa como você faz, desde que atinja os resultados que estabelecemos em conjunto, dentro do orçamento e do prazo." Isso dirige os esforços de seus subordinados para as metas, liberando-os das preocupações quanto aos métodos.

O princípio da exceção, porém, não é uma panacéia. Por exemplo, o gerente de vendas mandou que seu assistente o informasse se algum gerente distrital não enviasse o relatório até o dia 10. Mas e se no dia 10 o assistente entra em sua sala e lhe diz que não recebeu relatórios de nenhum dos gerentes distritais? O assistente esperou devidamente até que a exceção ocorresse, antes de levar o assunto ao conhecimento do chefe. Mas agora o gerente de vendas tem pela frente a tarefa formidável de contactar imediatamente todos os gerentes distritais e tentar coligir os dados em tempo. Mesmo ao usar a administração pela exceção, certa margem de supervisão, correção e orientação é necessária.

CUSTOS E VANTAGENS DOS CONTROLES

Os controles não são gratuitos. Em primeiro lugar, eles exigem seu tempo, e o tempo de seu subordinado. Também podem exigir papéis, memorandos, cartas, comunicações interurbanas ou reuniões. Tudo isso representa despesas, ou custos. Além disso, os controles podem prejudicar o moral dos subordinados e lhes diminuir a iniciativa – outro custo.

A pergunta que você deve fazer a si mesmo, sempre, é: "Os custos dos controles que adotei justificam-se com as vantagens que proporcionam?". Se um simples sistema de notificações pode evitar um erro de milhões, evidentemente o custo é justificado. Mas se testes detalhados e caros resultam numa insignificante melhoria da qualidade do produto, então o custo dos controles é provavelmente superior às vantagens. Seu objetivo é equilibrar os custos e as vantagens, de modo a que sua companhia tenha o máximo de vantagens.

Esse equilíbrio exige bom senso. Por exemplo, uma companhia fabricante de ferramentas manuais caras deseja evitar o furto de seus produtos pelo pessoal. O gerente de segurança determinou o levantamento mensal dos estoques e a inspeção periódica dos armários dos empregados. Ambas as medidas custam tempo e dinheiro. A firma beneficiou-se, porém, na medida em que os furtos passaram do equivalente a 4 mil dólares para 600 dólares mensais. Insatisfeito, porém, o gerente examinou a possibilidade de adotar levantamentos semanais de estoques e a revista de todos os empregados à saída. Calculou que isso reduziria os furtos a menos de 300 dólares por mês em mercadorias. Mas o custo muito maior desse programa, tanto em termos de despesas como de moral dos empregados, não justificava as vantagens mínimas que seriam proporcionadas. O plano foi abandonado.

Procure sempre correlacionar seu nível de controle com um ponto em que os benefícios dele resultantes justifiquem o custo. O primeiro passo para isso é identificar tanto o custo como as vantagens, pois ambos podem ser ocultos. Quanto tempo e esforço os controles exigem? Que erros, que despesas e problemas podem eles ajudar a prevenir? Qual a possibilidade da ocorrência de erros e omissões? Que ramificações mais amplas uma falha teria na companhia?

O PROBLEMA DO CONTROLE EXCESSIVO

Os controles são necessários e úteis em todas as delegações. Lembre-se, porém, ser sempre possível que uma coisa boa se torne excessiva. Não procure eliminar todo o potencial de risco existente na delegação. Os custos dessa tentativa, como dissemos acima, são quase sempre superiores às vantagens proporcionadas. Isso porque o controle excessivo na delegação sempre tem como custo o cerceamento da iniciativa. Você pode ser tentado a adotar controles excessivos por se sentir melhor quando "tudo está sob controle". Reflita, porém, sobre os fatos seguintes:

- O excesso de controle não proporciona vantagens comparáveis aos seus custos. Lembre-se sempre de que o tempo e o grau de atenção exigidos por um sistema de controle representam custos.
- O excesso de controle reduz algumas das vantagens essenciais do processo de delegação, ou seja, o estímulo à iniciativa, à independência e à tomada de decisões pelos subordinados.
- O excesso de controle promove, muitas vezes, exatamente aquilo que pretende coibir. Se, por exemplo, o subordinado sabe que você vai verificar todos os números de um relatório estatístico cujo preparo lhe foi delegado, provavelmente terá menos cautela em relação aos possíveis erros, pois sabe que estes serão corrigidos.

Onde termina o controle prudente e começa o excesso de controle? Essa pergunta tem de ser respondida à luz de cada delegação individual. Os controles protegem você e o subordinado do desastre. O excesso de controles sufoca seu funcionário e impõe a você o ônus da atenção e de pequenos aborrecimentos. Os controles proporcionam a ambos a confiança e o espaço para trabalhar. O excesso de controles parece constranger tanto você como o subordinado. O controle contribui para o sucesso da delegação. O excesso de controles puxa o tapete debaixo dos pés da delegação.

CONTROLES INTERNOS

Ao falar de controles, referimo-nos aos controles externos: relatórios, instruções, perguntas e direção entre você e seus delegados. Esses controles, porém, devem ter também o objetivo de promover os controles internos. A fixação de metas, as instruções, a transmissão de informações e outras formas de preparação feitas por você devem estimular os subordinados a estabelecerem suas metas próprias, a obterem as informações necessárias e a fazerem antecipadamente a preparação. A verificação da marcha do trabalho realizado por seus subordinados, a orientação e a supervisão proporcionadas por você, tudo isso visa fazer com que eles próprios fiscalizem de perto o seu trabalho, procurando erros, e encontrem sozinhos as soluções para os problemas. E, finalmente, seu método de rever e avaliar as delegações deve estimular seu pessoal a aprender, sempre, com os erros, e a descobrir princípios gerais em situações específicas.

Os controles internos são importantes a curto e a longo prazos. De um lado, eles afastam de você o peso do controle nas tarefas delegadas futuramente, já que os subordinados passam a examinar melhor seu próprio trabalho e desenvolvem um melhor sentido de como realizar os projetos de maneira judiciosa. A longo prazo, preparam seus funcionários para a liderança. Algum dia, um de seus subordinados pode ocupar o lugar que hoje é seu. Essa pessoa terá ganho, então, experiência suficiente em controles internos, de modo a já não depender dos controles externos, e será capaz de operar com autonomia. A capacidade que essa pessoa terá em agir assim será um reflexo da capacidade que você demonstrou em melhorar a administração.

10

O HÁBITO DA DELEGAÇÃO

Suponhamos que você já tenha adquirido o hábito da delegação. Já está delegando tarefas. Já está se livrando das tarefas rotineiras e sem importância, transferindo-as a seus subordinados. Com isso, consegue mais tempo para a verdadeira administração, passando os trabalhos que consomem muito tempo ao seu pessoal. Quase que automaticamente, você escolhe a pessoa certa, prepara e transfere a tarefa de uma forma que mantém todos trabalhando para conseguir resultados. Você tem seus momentos de preocupação, mas os controles que sempre estabelece são suficientes para evitar que seus delegados entrem por um terreno perigoso e cometam erros sérios – e ao mesmo tempo não lhes inibem os movimentos. Tornar-se uma pessoa que sabe delegar não foi um trabalho fácil. Mas agora você está colhendo as recompensas da delegação: obtém resultados que antes lhe pareciam além de seu alcance, experimenta a sensação de dominar a arte de administrar, percebe o respeito de seus pares e subordinados e o reconhecimento de que é um administrador que produz.

INVERSÃO DE PAPÉIS

A aquisição do hábito de delegar tornou-o consciente de outro aspecto do seu trabalho: o fato de que, em relação ao seu chefe, você também é um delegado. São-lhes atribuídas, com freqüência, funções que não fazem parte de suas responsabilidades regulares. Você tem oportunidades de expandir seu horizonte realizando tarefas desafiadoras que poderiam ter sido executadas por seu chefe, sozinho. Você participa da fixação de metas, pode tomar decisões em novas áreas, recebe o crédito por realizações mais amplas. Ou não será assim?

Você já conhece, a esta altura, as vantagens que pode ter se seu chefe for um bom delegador. Infelizmente, isso nem sempre acontece. Muitos chefes enfrentam a mesma incerteza, a mesma relutância em abrir mão do controle, o mesmo sentimento de culpa, o medo e as preocupações descritos nos capítulos anteriores. Mas você já sabe do estresse que a delegação pode trazer. Você sabe como é difícil romper velhos hábitos – o hábito de ser um "fazedor", o hábito de resolver os problemas para os subordinados, o hábito de exercer um excesso de controle. Seu chefe enfrenta as mesmas tensões e deve romper os mesmos hábitos.

Ser um bom delegado significa mais do que apenas cooperar com seu chefe e dedicar-se, conscienciosamente, às tarefas que lhe são atribuídas. É de seu interesse, e do interesse de sua empresa, que você contribua de maneira ativa para fazer de seu chefe um melhor delegador. Seria mais fácil, sem dúvida, omitir-se e responsabilizar a incapacidade de seu chefe em delegar pela confusão no seu setor e pelos resultados medíocres que você obteve. Mas sua carreira também está em jogo. Você não pode ficar inativo. Tem de tomar a ofensiva – sem ser ofensivo – para transformar seu chefe numa pessoa mais capaz de delegar.

Damos a seguir algumas sugestões para ajudá-lo a ser um delegado mais eficiente. Muitas delas já serão conhecidas, pois constituem apenas a outra face dos princípios que serviram de orientação para que você se tornasse um bom delegador.

CONVERSE SOBRE A DELEGAÇÃO

Uma conversa franca com seu chefe sobre as vantagens e técnicas da delegação, e sobre alguns obstáculos que podem surgir, é o melhor ponto de partida. Em seguida, desenvolva uma argumentação convincente para mostrar que você não está tentando invadir a área dele, mas que a delegação pode ajudar a vocês dois. Lembre-se pelo menos de uma ou duas tarefas específicas – como comparecer a uma reunião no lugar de seu chefe ou preparar um relatório – que, na sua opinião, podem ser-lhe imediatamente delegadas. Não fique apenas nas generalidades. Se seu chefe não lhe fez delegações no passado, mostre-lhe por que você agora está preparado para assumir novas funções. Não insista no que lhe parecem ser as deficiências de seu chefe. Em lugar disso, seja positivo quanto à capacidade que você pode demonstrar.

ENFATIZE OS RESULTADOS

O maior tempo que a delegação proporciona ao seu chefe e a maior experiência que ela oferece a você são dignos de serem mencionados. Mas não faça disso a essência de sua argumentação. Lembre-se de que a finalidade última da delegação é obter resultados. Melhores resultados, mais produtividade, maior produção: são esses os termos que todos os administradores compreendem. Faça com que seu chefe perceba que você está preocupado, principalmente, com os resultados. Se você falar da delegação como o trampolim para uma promoção, pode provocar sentimentos de inveja ou desconfiança. Procure estabelecer a empatia com seu chefe, colocando-se no lugar dele.

PARTICIPE

Talvez seu chefe não o leve a participar do processo de decisão ao lhe atribuir tarefas. Se você ficar apenas sentado ouvindo, ele poderá dizer-lhe diretamente o que deve ser feito e como você deve fazer o trabalho. Essa não é uma boa técnica de delegação. Ouça primeiro, sem interromper grosseiramente. Mas neutralize a má técnica de delegação de seu chefe fazendo perguntas, participando da fixação das metas, sugerindo alternativas e decidindo quanto aos métodos.

Suponhamos, por exemplo, que seu chefe o designe para falar com os engenheiros sobre matérias-primas alternativas para os componentes que vocês produzem, e preparar uma relação desses materiais. Sua primeira pergunta deve ser: Qual o objetivo final da tarefa e quais os resultados que desejamos? Que objetivo estamos visando? Controlar os custos? Preparar-nos para escassez de material? Melhorar o produto? Padronizar os estoques? Quando você e seu chefe tiverem fixado os objetivos específicos, converse sobre a maneira pela qual o relatório que você vai preparar contribuirá para isso. Você pode ser capaz de sugerir maneiras de estruturar esse relatório que o tornarão mais útil. Se a meta é a redução de custos, talvez se possa fazer uma análise dos valores da sucata. Participe. Procure assumir a tarefa: não a aceite passivamente apenas como uma atribuição.

VISE A CLAREZA

Seu chefe pode não ser bom em comunicação. Para evitar a confusão e o desperdício de esforços, mais tarde, certifique-se de que a tarefa e, em particular, as metas que ela visa atingir estão bem-delineadas em sua mente, antes de começar. Não pense que poderá improvisar e voltar ao seu chefe pedindo esclarecimentos todas as vezes que surja um problema ou alguma coisa imprevista. A delegação sólida exige que você compreenda claramente as suas responsabilidades antes de começar, e que não volte ao seu chefe, a não ser que surja uma contingência acima da autoridade que lhe foi delegada.

INSISTA NOS CONTROLES

"O chefe disse que este projeto era meu. Ele não quer ouvir falar nisso até que esteja totalmente concluído. Estou satisfeito porque ele não vai me pressionar." É uma tentação pensar que a falta de controle significa liberdade de ação para você. O bom delegado, porém, insiste nos controles adequados. Por quê? Porque a tarefa delegada é, em geral, nova. Pode representar um desafio substancial. Você pode começar com confiança, para descobrir logo depois que está num beco sem saída.

Os controles protegem tanto você quanto seu chefe. Talvez seja você quem está investindo seu tempo num esforço inútil. E você será provavelmente quem terá de começar do zero quando alguma coisa não der certo. Além disso, os controles lhe dão uma idéia clara de como o seu desempenho será medido. Eles lhe proporcionam padrões específicos para se orientar. Tornam a avaliação de seu desempenho menos parecida com um juízo final.

Se seu chefe não sugerir nenhum padrão de controle, nem qualquer verificação, faça você mesmo essa sugestão. Se ele tiver dito alguma coisa vaga, como "Mantenha-me informado do seu progresso", você deve oferecer-se para lhe dar informações em determinados momentos, durante a execução do projeto. Esteja atento aos padrões, aos relatórios sobre o trabalho e aos prazos, mesmo que seu chefe lhe diga que são opcionais. Lembre-se, também, do valor dos autocontroles. Você pode querer fixar metas e padrões intermediários para se manter na linha adequada.

ENFRENTE OS PROBLEMAS DA DELEGAÇÃO

Vamos supor que você recebeu uma delegação sem a margem adequada de autoridade, ou de recursos, para realizá-la. Ou que verifique que sua área de responsabilidade numa tarefa que lhe foi delegada é coincidente com a de um colega. Talvez os padrões de controle tenham sido modificados em meio à delegação. Seu chefe não lhe permitiu escolher seu próprio método de fazer o trabalho. Ou você está fazendo todo o trabalho por trás das cortinas, enquanto seu chefe fica com os elogios. Esse erro, ou qualquer outro dos erros na delegação, indica que seu chefe não é um delegador ideal. Como delegado, você deve indicar, diplomaticamente, mas de maneira firme, como esses erros prejudicam o processo de delegação. Seja impessoal nessa discussão. Seja positivo e focalize, como sempre, os resultados melhores e mais numerosos que tanto você quanto ele podem obter com uma delegação mais eficiente.

DEIXE SEU CHEFE EM BOA POSIÇÃO

Esforçar-se um pouco mais na execução de uma tarefa delegada, completá-la antes do prazo, melhorar um relatório ou reconferir os dados para ter certeza de sua exatidão, tudo isso ajudará a alimentar a confiança de seu chefe em você. Isso pode ser compensador, pois ele lhe dará melhores delegações e maior autoridade de decidir em atribuições futuras. Sem dúvida, você merece reconhecimento por seu trabalho. Mas dê ao seu chefe o devido crédito pela orientação e o apoio que ele lhe proporcionou.

APRESENTE SOLUÇÕES, NÃO PROBLEMAS

Não hesite em procurar seu chefe para obter ajuda ou orientação quando realmente precisar disso. Ao assumir uma tarefa, você não assume o compromisso de executá-la sozinho. Mas procure evitar, sempre, transferir os problemas para seu chefe. Tenha especial cuidado se ele for do tipo que retoma o trabalho ao primeiro sinal de um problema. Seja franco, mas positivo, ao falar dos problemas. Imagine sempre soluções alternativas antes de lhe levar um problema. Retrate as dificuldades em termos de opções, não de dilemas. E lembre-se de que a delegação envolve certa decisão de sua parte. Por vezes você deve correr o risco e tentar encontrar a solução primeiro, antes de recorrer ao chefe.

LEMBRE-SE DAS METAS DE SUA CARREIRA

Uma das vantagens que você tem como delegado é ganhar experiência em várias funções, além do seu trabalho cotidiano. Seu chefe, porém, pode ter uma idéia preconcebida sobre você. Se você realizou um bom trabalho relacionado com o controle de qualidade, poderá vir a receber uma série de tarefas nessa área. Seu chefe tem confiança em sua capacidade e seu nome é sempre lembrado quando surge um projeto de controle de qualidade. Mas talvez você precise de experiência na programação de produção ou no planejamento de materiais. Não hesite em discutir a questão com seu chefe. Ressalte que você poderia funcionar melhor, de modo geral, se tivesse uma visão mais panorâmica do setor em que trabalha. Sugira algumas tarefas específicas que você gostaria de fazer quando houvesse oportunidade.

TRANSFERÊNCIA DO HÁBITO DE DELEGAÇÃO

O auge de seu desempenho como delegador será a criação do hábito de delegar entre seus subordinados. A lógica disso é clara: desenvolver a capacidade de administrar entre seus funcionários constitui uma de suas principais tarefas como administrador. Nada aumenta mais a eficiência e a produtividade de seu pessoal do que a delegação. Assim, embora nem todos os seus subordinados estejam em condições de aprender bons hábitos de delegação, você não deve perder qualquer oportunidade de criar esses hábitos entre seus funcionários mais importantes.

O primeiro princípio a ser transmitido a seus subordinados é a lei da vantagem relativa. Lembre-se de que essa regra determina que o trabalho deve ser completado no nível em que pode ser concluído com mais eficiência. Ou seja, uma secretária deve datilografar e um executivo deve administrar, mesmo que o executivo seja um datilógrafo mais rápido. Essa idéia orientará seus subordinados para que transfiram o trabalho a outros, na escala hierárquica, sempre que possível, embora os subordinados deles possam levar mais tempo para completá-lo. Serve para transmitir o importante conceito de que a delegação não é uma desculpa em si, não é apenas uma "prerrogativa do chefe", mas um modo que todos têm de se livrar de tarefas rotineiras para poder fazer um trabalho mais produtivo. A meta final é sempre obter maiores resultados.

Em segundo lugar, você deve enfatizar os controles. Como transferir uma tarefa, como deixar que outra pessoa tome decisões e ainda assim manter o controle – esse é o aspecto mais sutil da arte de delegar tarefas. Seu pessoal deve tentar dominá-lo desde o começo. Os controles estimularão aqueles que sejam tímidos a transferir as tarefas pelas quais têm responsabilidade. Os controles tornarão mais cuidadosos os que pensam poder delegar tarefas sem dar maior importância ao fato, e se esquecer delas.

O COMEÇO

Um forma excelente de introduzir a delegação entre seus funcionários é a abordagem de equipe. Atribua determinado trabalho a uma equipe e indique um líder para dirigir a atividade. Deixe claro que você considera o líder responsável pelo resultado do projeto, mas espera que ele utilize o trabalho dos outros, em lugar de fazer tudo sozinho. Sugira que o líder se reúna com cada um dos membros da equipe, fixe uma submeta específica e delegue as tarefas necessárias à sua conclusão, estabelecendo também controles.

Essa abordagem difere de uma estrutura de grupo ou comissão. Embora a atuação conjunta dos membros da equipe seja importante, o que é mais interessante para você, e para o líder, é a maneira pela qual este divide a responsabilidade pelas várias fases do projeto. Você quer ver se o líder deixa que os membros da equipe participem da fixação dos objetivos, estabelece prazos realistas, acompanha as delegações, orienta o trabalho dos outros sem interferir, dá maior importância aos objetivos do que aos métodos e opera, em geral, como um bom delegador.

DANDO O EXEMPLO

Não há melhor maneira de criar o hábito da delegação do que ser você mesmo um delegador eficiente. Seja coerente ao aplicar as técnicas da delegação aprendidas. Delegue algumas tarefas a cada um de seus funcionários. Delegue tarefas cada vez mais difíceis aos seus subordinados mais importantes. A delegação bem-sucedida é o melhor mestre da arte de delegar.

Ao delegar, explique o processo. Diga ao delegado por que você está delegando, por que o escolheu, por que insiste nos controles e por que é importante que ele participe na fixação dos objetivos. Procure sempre envolver o delegado no ato, fazendo com que ele participe do processo. Quanto mais participação a pessoa tiver na fixação de metas, na definição da tarefa, no estabelecimento de controles, mais depressa vai adquirir o hábito da delegação e utilizá-lo na administração.

NOVOS DESAFIOS A QUEM DELEGA

O hábito de delegar faz de você um melhor administrador. E, o que é mais importante, proporciona-lhe mobilidade ascendente. Os delegadores são necessários e desejados nos níveis superiores da administração. São versáteis. Podem assumir uma fábrica ou uma linha de produtos e controlar imediatamente sua nova posição. E são produtivos. Sabem como explorar o recurso mais valioso de qualquer empresa: seu pessoal.

Mas as promoções oferecem novos desafios ao delegador. Seu estilo de delegação terá de se modificar para atender aos diversos ambientes que encontra, à medida que vai subindo na empresa. O tipo de delegação limitada adequada a um chefe de seção dificilmente servirá a um vice-presidente. Eis alguns dos novos fatores que você enfrentará ao subir na escala administrativa.

O QUE VOCÊ DELEGA

Os delegadores em níveis inferiores, como capatazes e supervisores de seção, em geral colaboram na realização dos principais aspectos de seu trabalho. Por exemplo, um chefe de turma pode dar a um subordinado a responsabilidade por um estudo de controle da qualidade, mas é improvável que entregue a responsabilidade total a outro. A delegação, nesse nível, compreende em geral tarefas isoladas e limitadas.

Nos níveis superiores da administração, as delegações geralmente compreendem a totalidade de uma função. Embora o gerente de fábrica tenha a responsabilidade final pelas condições higiênicas e de segurança dos trabalhadores, ele pode delegar tal função a um subordinado, pedindo-lhe apenas estatísticas e relatórios periódicos como forma de controle. Essas delegações são necessárias devido às exigências mais substanciais feitas aos administradores de níveis mais elevados. Um gerente de fábrica tem de estabelecer prioridades, delegando o mais completamente possível as áreas que não exijam sua atenção continuada.

COMO VOCÊ DELEGA

A necessidade de usar técnicas hábeis de delegação torna-se ainda mais vital à medida que se sobe no nível da administração, pois as funções transmitidas aos subordinados são, em si mesmas, abrangentes, complexas e importantes. Já não está em jogo um relatório sobre peças gastas ou uma escala de trabalho, mas todo um programa de *marketing* ou um complexo projeto de pesquisa. A atribuição da tarefa sem maiores análises, a escolha do delegado errado, a autoridade insuficiente, a incapacidade de provocar a opinião do subordinado – todos esses erros têm sérias conseqüências para as delegações importantes. É por isso que o administrador ambicioso deve obter um conhecimento completo das técnicas de delegação no princípio de sua carreira.

O DELEGADO

Quando você sobe acima de chefe de seção, delega suas tarefas quase totalmente a subordinados que também estão administrando os esforços de outras pessoas. Você está visando não só os esforços desses subordinados, mas também os recursos e o pessoal que estão sob a autoridade deles. Isso torna mais crítica a participação que têm na fixação dos objetivos. Os delegados de alto nível devem ter mais espaço de ação, também, para escolher seus métodos de operar. Você está agora mais distante das condições reais da tarefa. Isso significa que terá de confiar muito mais em seus delegados, e no pessoal deles, para que tomem as decisões acertadas, necessárias ao trabalho. Quando mais você sobe na administração, mais importante é ensinar aos subordinados a serem eles também delegadores. Só quando todos os administradores delegam bem é que sua organização pode atingir a eficiência máxima.

CONTROLES

A delegação em níveis superiores exige o refinamento dos controles. O gerente de fábrica que delegou a segurança do trabalhador não tem tempo para examinar os relatórios semanais sobre os vários fatores que afetam a segurança – nem precisa. Ao mesmo tempo, porém, tem o direito absoluto, e a necessidade, de ser informado sobre os acidentes mais sérios, as tendências de saúde mais importantes ou quaisquer novos programas de segurança. Um controle adequado deve mantê-lo informado sobre todos esses assuntos, sem onerá-lo com detalhes excessivos. A administração pela exceção deve ser empregada no caso. As exceções devem ser marcadas como os fatores-chaves em qualquer função delegada. A escolha desses fatores, o estabelecimento de controles discretos, mas eficientes, e sua colocação em pontos críticos constituem a chave da delegação bem-sucedida nos altos níveis administrativos.

PROGREDINDO NUMA EMPRESA

Quando você tiver aprendido a reconhecer essas diferenças básicas, já não se preocupará muito com a maneira de delegar ao ter sua sala no andar dos executivos. Delegar será então, para você, uma segunda natureza. Não terá dificuldades em adaptar suas técnicas eficientes a qualquer nível de administração.

Observe de perto os estilos dos altos dirigentes das companhias bem-administradas. Você verá a coerência com que eles usam as técnicas eficientes de delegação. Não se apresse em concluir que o simples fato de chegar a ser um executivo importante o transforma automaticamente num delegador destacado. Na verdade, o inverso costuma ser verdade. Foi a delegação efetiva, o hábito de delegar, que colocou esses executivos no lugar onde estão – na cúpula.

ÍNDICE ANALÍTICO E ONOMÁSTICO